君主论

IL PRINCIPE

[意] 马基雅维利 著

吕健忠 译

上海文化出版社
SHANGHAI CULTURE PUBLISHING HOUSE

果麦文化 出品

尼科洛·马基雅维利
Niccolò Machiavelli

TANTO NOMINI NULLUM PAR ELOGIUM

颂词无以匹配如此盛名。

——马基雅维利的墓志铭

目 录

1　中译序

17　献辞

20　第一章　　君主国的种类及其建国的方法

21　第二章　　世袭君主国

23　第三章　　混合型君主国

34　第四章　　亚历山大死后,他所征服的大流士王国为什么没有反叛其继任者

38　第五章　　如何治理被征服以前独立自治的城邦或君主国

40	第六章	依靠自己的武力和能力获取的新君主国
45	第七章	仰赖别人的武力和机运获取的新君主国
55	第八章	凭邪恶的手段成为君主
61	第九章	公民君主国
66	第十章	如何衡量国力
69	第十一章	教会君主国
73	第十二章	军队的类型和佣兵
81	第十三章	外籍援军、混合军与国民军
87	第十四章	君主在军事方面的职责
91	第十五章	世人,尤其是君主,受到赞扬或谴责的原因
94	第十六章	慷慨与小气
97	第十七章	残忍与仁慈:受爱戴和受畏惧,何者比较有利
102	第十八章	君主守信之道

107 第十九章 如何避免受人鄙视和怨恨

121 第二十章 堡垒等君主常用措施的利弊得失

128 第二十一章 君主如何争取名望

134 第二十二章 君主的肱股大臣

136 第二十三章 如何避开马屁精

139 第二十四章 意大利的君主们丧失政权的原因

142 第二十五章 运气如何影响世事及抗衡运气之道

147 第二十六章 为解救意大利免于蛮族蹂躏进一言

154 马基雅维利年表

中译序

一本论者普遍视为惊世骇俗的书，读者却趋之若鹜，代代如此，虽然一度被列为禁书，却证实为影响既广且深的经典作品——这是马基雅维利《君主论》的写照。

《君主论》凭什么名列经典书目？

"经典作品"有个共同的特色：体现时代的风貌，同时又展现超越时代的眼界。就此而论，马基雅维利的思想当之无愧：他看透五百年前意大利半岛政治事件的本质，从中辨识出关于人类生活的一些根本通则，他总结出的通则到今天仍然适用。关于马基雅维利其人及其所处的时代背景，我在《论李维罗马史》的中译本修订版序已有介绍，这里只就有"现实政治的《圣经》"之美誉的《君主论》相关背景做个补充。

马基雅维利其人

马基雅维利的生平活脱儿就是运气无常的写照,而"运气"在他那个时代,通常被拟人化为女性——而且是没有定性的女人。这个观念是了解马基雅维利思想的一把钥匙,同时也反映在他的人生观和政治思想里。

马基雅维利出生于1469年,也就是有"高尚"之美誉的罗伦佐·德·美第奇继承父亲遗缺成为佛罗伦萨统治者的那一年。他的家庭虽然不属于统治阶层,却有足够的财力让他接受良好的教育。在帕齐家族试图借谋杀手段接收佛罗伦萨的主要党派时,他年纪还小,但也足以知晓掌握统治权的美第奇家族为了对付夺权失败的阴谋分子而采取的报复手段是多么骇人听闻。1494年,也就是高尚的罗伦佐去世两年后,法王查理八世率大军抵达佛罗伦萨,马基雅维利目睹美第奇家族仓皇逃命。他的成长经历了动荡不安。天主教多明我会的萨沃纳罗拉修士想方设法要引导佛罗伦萨人成为道德挂帅的清教徒,大肆焚书,虽然一度取得某种程度的成功,结果却是自己被送上吊刑台接受火刑。

1498年,清教主义不再构成威胁,美第奇家族亡命异乡,佛罗伦萨实行共和体制,马基雅维利被共和政府延揽进入总理署,开始参与外交事务。1500—1513年间,他数度衔外交使命出国,先后会晤法王路易十二、鲁昂枢机主教、罗马涅的切萨雷·博尔贾、教皇尤里乌斯二世以及神圣罗马帝国的马克西米利安皇帝。自从罗马帝国灭亡以后即陷于分崩离析的意大利,在1494年法国入侵之后更成为各方势力垂涎的对象,那些造成意大利政局动荡的台面人物中,不乏马基雅维利的旧识。要说《君主论》有个主角,那就是占领罗马涅的切萨雷·博尔贾。他在权力场上的起伏,马基雅维利了若指掌。

马基雅维利本人的政治生涯则深受皮埃罗·索德瑞尼的赏识与提拔。索德瑞尼是萨沃纳罗拉死后成立的共和政权中的实力派人物,在1502年被任命为佛罗伦萨的终身执政官。可是,随着美第奇家族在1512年返回佛罗伦萨,共和政权垮台而索德瑞尼失势,马基雅维利也遭到罢黜。他被捕下狱,时间虽不长,酷刑却不能免,能够保住老命或许也可以归因于运气。

浑身政治细胞的马基雅维利,最终被迫归隐田园。在写给弗朗切斯科·韦托瑞的一封信里,他提到那一段"日出耕耘,日落读书"的岁月:

入夜，我回到家，准备窝进书房。在门槛边，我脱下沾满尘土污泥的工作服，穿上大使会穿的衣服。我穿得体体面面，进入作古已久的统治者的宫廷。在那里，我受到热烈的欢迎，只靠我觉得养生而且生来就是要细细品味的粮食维生。我跟他们促膝畅谈，请他们说明他们的所作所为，他们满怀善意地回答我。转眼间，四个小时过去了，我无忧无虑。所有的牵累全忘到九霄云外。我不再害怕贫穷，死亡也吓不倒我。风风雨雨俱往矣，我安然无恙。

这段文字看似豁达，却透露出马基雅维利对波埃提乌斯《哲学的慰藉》的亲身实践有多么无奈。但是，不管他有多无奈，后人倒是亏了他的无奈岁月才有机会读到他的名山之作。他在1512年动笔写《君主论》，原本打算献给乌比诺公爵，即小罗伦佐·德·美第奇，寄望他的家族能重整意大利破碎的山河，说不定还能让他借此机缘谋得一官半职，哪怕1518年杀青的《论李维罗马史》表明马基雅维利个人偏好的政府形态是共和体制。1521年出版的《战争的艺术》，在《君主论》的读者看来可说是事有必至而理有固然。在纯文学领域，他最有名的作品《曼德拉》，按传统分类属于喜剧，但现代读者可能会说是黑色喜剧，因为剧中呈现勾心斗角的人际关系，比起《君主论》中的政治关系毫不逊色。

1527年5月，神圣罗马帝国皇帝查理五世洗劫罗马，教皇克雷芒七世被推翻，美第奇家族再度失势，佛罗伦萨恢复共和体制。同年六月，马基雅维利去世，安葬于佛罗伦萨的圣十字教堂。五年后，他英名所系的《君主论》终于出版，却在二十七年后被列为禁书。斯人也，而有斯运也，《君主论》到底是怎样的一本书？

前面提到的《曼德拉》这部喜剧提供了一个便捷的切入点，有助于读者了解《君主论》到底是怎样的一本书。曼德拉草是茄科的一种，根部呈叉状，与人形相似，自古被用为催情药，马基雅维利充分利用这样的特性描绘了一幅"人生喜剧图"。老头子娶了个妙龄女郎，盼望传宗接代而不可得。一个年轻人觊觎这少妻的美色，说服老头子让老婆服食曼德拉草即可怀孕。但他警告老头子，曼德拉有剧毒，女人服食以后，第一个跟她性交的男人在一星期内必死无疑。于是老夫同意让少妻先跟伪装成游民的年轻人同床，由他吸收植物的毒性，以保障老头子的生机。妻子良心不安，修士却鼓动簧舌，说："我们不能够因为怕坏事就把好事给放过。眼前的好处很明显，你能够怀孕，为天主生下子民……凡事要看目的，你的目的是在天堂有一席之地，还有就是满足你的丈夫。"连丈母娘也加入敲边鼓的行列，说"女人没有孩子就没有家"，所以要她听劝。少妻勉为其难同意接纳这个年轻人为小三，以便"顺应天意"达成丈夫的心愿。由于运气的垂顾，结局皆大欢喜：老夫相信传宗接代有望，少妻有机会享受鱼水之欢，满口荒唐言的登徒子如愿以偿，修士赚到外快，丈母娘不必为女儿的后半生操心。马基雅维利挖苦基督教之余，也写出他观察人情世故的实证观点。

对教会不满，却钟情于实证的观点，这正是《君主论》的两根梁柱。

《君主论》其书

在马基雅维利以前，政治和伦理像一对连体婴，纵使在实务上并非如此，学理上却总是一味强调或塑造明君圣王的形象。根据一个可以追溯到亚里士多德的古老传统，政治是伦理的一个分支——伦理指的是合乎道德规范的个体行为，政治则是社会团体或社区组织的成员应当遵守的道德规范。马基雅维利断然除魅，成为把伦理和政治这对连体婴分割成功的政治理论家,因此赋予政治研究一定程度的自主权。政治学发展成为一门独立的学科就是这样开始的。他在第十五章写道:"许多作家想象从来不曾存在过的共和国和君主国,可是实际如何生活和应当如何生活这两者有天壤之别。为了研究事情应当怎么做而无视于事情实际上怎么做,这样的人救不了自己,只会自取灭亡……因此,我这就撇下跟凭空想象的君主有关的话题,只讨论现实世界的君主。"读者不难想象他写下这两段话时登高望远的豪情,要为统治者提供指导原则,也就是便于"按表操课"的实用手册。

登高望远有赖于坚实的立足点。马基雅维利写《君主论》是根据他从政的经验,着眼于意大利当时的政治局势。他观察时局的眼界却有更宽广的背景,那是他阅读古希腊与古罗马的史学著作和《旧约》记载的以色列早期历史所奠定的史识。在他看来,法王查理八世于1494年挥军入侵意大利是影响当时历史最为深远的事件,后来的历史学者也普遍认同他的这个看法。他在第十一章写道:"法王查理入侵意大利以前,这个国家由教皇、威尼斯人、那不勒斯国王、米兰公爵和佛罗伦萨人割据统治。"当然,意大利的分裂局面不是这时候才出现的,而是自从罗马帝国解体就已如此。但是,法国的入侵使得分崩离析的局面益形恶化,这是不争的事实：原本脆弱的权力均势瞬间遭到破坏，意大利境内的政客有更大的机会浑水摸鱼。可是他们借机扩大自己版图的同时，也面临更大的风险：既有的领土也可能遭到觊觎者的兼并。结果是，各方势力的合纵连横导致说变就变的一系列结盟关系，后人要想研究那一段历史固然深受其苦，当时的决策人则必定是如坐针毡，要支持谁、要攻击谁、要背叛谁、应该在什么时候决定……走错一步棋就可能全盘皆输。实情如此，马基雅维利的《君主论》以实用手册为主要的考量其实不难理解，因此提供的具体建议完全着眼于统治者如何保护自己的项上头颅和维持进而扩大既有权力。马基雅维利对人性的评价并不高，他认为能抢就抢是生而为人的天性。至于攫取并建立稳固的权力之后可以如何进一步运用权力，这其实超出了马基雅维利写《君主论》的主要关怀。虽然偶尔有蜻蜓点水，但他一直到最后一章才明白写出自己的愿望。

这样的一本书竟然从意大利流传到世界各国，盛名不辍迄今已五个世纪，这充分说明其内容的实效，至少证明马基雅维利的见解有实用价值。五百年前在相对而言无足轻重的"马靴半岛"上发生的事件，跟当今世界息息相关，不独政治领域为然，马基雅维利看透了那些事件的本质，从中辨识出关于人类生活的一些根本原则。

不幸的是，《君主论》盛名满天下的同时也招来满天下的恶名。全书超过五万字，一般人却只记得第十八章第三段关于狐狸和狮子的譬喻，总共不到三百个字，据以为作者盖棺定论，竟使得"Machiavellian"（马基雅维利式）这个词成为"为人或行事善耍心机、不可信任"的意思。甚至早在莎士比亚那年代的英国，这个形容词就被剧作家马洛在《马耳他的犹太人》中拟人化为"马基维"（Machevill），这是把马基雅维利给丑化了的一个角色。马基维在该剧的开场白说出马基雅维利的洞识："首先是权力造就君主，其次是法律，像德拉古[1]那样用鲜血立法最稳当。"可是在这之前几行，他说："依我看宗教不过是儿童的玩意儿，世间有的只是无知，哪有什么罪恶。"这就是无中生有了。马基雅维利对于宗教与道德不只是没有敌意，而且是敬重有加。他看到教会腐败与意大利政局动荡息息相关，因此力主政教分离。然而，他强调的其实是在政治场合，宗教与道德基于权宜考量有必要退居幕后。对于宁可乐观看待人性的人来说，他的权宜考量容或难以接受，可是他逼我们正视一个永远回避不了的问

---

[1] 德拉古（Draco）是公元前七世纪雅典的立法者，他制定的法典极其严苛，罪不分轻重一律处死，因此"德拉古式"成为严刑酷律的同义词。

题：统治者是否能在成功和道德之间取得妥协？毕竟没有不腐化的权力。

既然政治离不开权力的分配，现实观点又使得人性的本质无所遁形，那么马基雅维利的恶名也的确其来有自。他感到兴趣的是权力的本质以及权力如何获得又如何维持。他"发现"人可以同时拥有两种对立的观点，指出政治是一门艺术，诀窍在于扮演角色，因此"发明"现代政治学，寻求与道德无关的现实主义。现实观点使他得以冷静指陈理想与实际之间的落差，这在第十八章中表露无遗："大家都知道，君主信守诺言而且为人正直不耍诈是多么值得称道的事。然而，环顾当今之世，我们看到那些功成名就的君主，一个个不把守信当回事，而且善于使用狡猾的手段愚弄世人，就这样征服讲究信实的人。"前面提到切萨雷·博尔贾可以被视为《君主论》的主角，马基雅维利在第七章多次加以赞美，说他是所有的新君主都应该效法的榜样，甚至不惮其烦地说明君主在什么时候不应该守信，偏偏博尔贾其人在生前就是以背信弃义的屠夫而广为人知，却又扎扎实实地建立了自己的政权，恢复了社会秩序。话又说回来，在弱肉强食的权力场域，要求负责维持秩序、保护猴群安全的猴王讲信修睦不是天方夜谭吗？所以，在《君主论》第十五章写道"就算是坏事，如果不做会很难维持自己的政权，那就应该毅然决然地去做，不要担心坏名声招来别人的谴责"，也就不难理解。

尽管如此，一般人对马基雅维利的看法在某些关键的地方可谓错得离谱，这也是事实。有人提到马基雅维利的作风就想到不坦诚、不按牌理出牌、诡计多端使人无从捉摸，不合实情莫此为甚。不论是多么粗心的读者，翻到《君主论》第八章第三段提及"荣誉"和"豪杰"，以及同章倒数第三段提到民众"最大的利益"，都能看得出马基雅维利用心良苦。甚至在第十八章，说君主"如果可能的话，他不应该忽视德行，但是必要的时候，他应该知道如何为非作歹"。应强调的是，"必要"这个前提值得我们细心体会。《尚书》有这么一句话："人心惟危，道心惟微；惟精惟一，允执厥中。"是舜告诫大禹，人心危险难测，道心幽微难明，只有自己一心一意，精诚恳切地实践中正之道，才能治理好国家。如果能够在"人心惟危，道心惟微"的世界落实"惟精惟一，允执厥中"这样的理想境界，当然很好。不幸的是，马基雅维利的实证精神无法一厢情愿地拥抱不切实际的说词或修辞，所以像"惟精惟一，允执厥中"这样的门面话只好当作"无稽之言勿听"。他在政治史看到的现象根本就是"惟精惟一，保权保命最要紧"。就此而论，所谓"马基雅维利的世界"其实可以是中性而不带价值判断的,如伊恩·塔特索尔讨论人类的演化及其独特性(*Becoming Human: Evolution and Human Uniqueness*),在述及人猿之别时的用法:"灵长目的智力稳定提高,对个中因素感兴趣的那些学者转而研究社会内部个体之间的相互关系,把从这种关系学到的智力形容为马基雅维利式智力……研究显示,个体终其一生建立的盟友关系相当重要。盟友意味着政治,无论是何等初步的政治,这就把我们带到马基雅维利的世界。"

即使落实到政治领域,马基雅维利也没有拥护专制——否则他不会使用超过二十二万字的篇幅写出《论李维罗马史》以申论共和政体的优点。就如同前文所引《君主论》第七章的例子,切萨雷·博尔贾在新征服的罗马涅造成的无序状态,他杀人不眨眼,对自己的手下也一样。可是这一切仅止于为了恢复治安而采取的非常手段,建立秩序之后立即金盆洗手。他的残忍是为苍生黎民着想。这样的结论难免会引人不安。不过,面对真相总胜过把残酷的现实理想化或把客观的陈述妖魔化。

马基雅维利引人不安,这跟他开门见山的笔法和出奇冷静的笔调有关。他习惯举出实证,借以拈出有如格言的通则。格言醒人耳目,却无法应用在具体的情况,而且往往可以找到互相矛盾的另一句格言,却因为听起来有道理而传为口碑。《君主论》就像这样,我们在阅读的过程中会不断回想马基雅维利生前死后的许多事件(不限于政治领域)在显示他深刻的观察和敏锐的理解。他写的不是什么秘笈宝典,无法保证"照表操课"就能实地见效。第二十五章论运气,说明世事无常,成败不见得能够操之己手。马基雅维利也相信做事贵在适才适性,有时候步步为营占上风,有时候却该当机立断。"三思而后行"没错,"瞻前顾后则寸步难行"也没错。

马基雅维利拈出简单明了的通则,用直截了当的笔触一语道破,个中道理一经解说其实显而易见。使我们感到震惊的倒不是马基雅维利说了些什么,而是我们宁可希望他说的不是真相。我们总是一厢情愿地希望政府的所作所为对老百姓有好处,马基雅维利并不例外,不同之处在于他明白政府通常不得不牺牲老百姓的利益——用我们熟悉的措词来说,他明白"政府是必要之恶"的必要性。他主张政府必须知道什么时候牺牲是无法避免的,可是他开门见山说得那么理所当然,这太伤感情了,一般人无法坦然接受。使读者不安的是,他把真相赤裸裸摊开来,道理既清楚又简单。举例来说,第三章提到并吞同文同种的领土,说:"征服者要保有成果并不难,被征服者如果不习惯于自治时尤其如此,只要消灭统治他们的王室就够了，其他方面不妨率由旧章。古老的生活方式维持不变，风俗习惯相同的人自会相安无事。"马基雅维利使用不带感情的笔调写出历史上扩充版图或改朝换代的常规，他说出客观的现象，可是没有人会大声张扬那样的现象。更值得注意的是"只要……就够了"这样的措词，这意味着他反对一视同仁地滥杀无辜。不幸的是，诸如此类的笔触往往被大而化之的读者忽略。

撇开实用价值不谈，《君主论》在五百年前成书之初其实是满怀理想之作。马基雅维利在最后一章的笔调比较接近传统的跋文，所谈无关乎权力的夺取与维持，而是表达意大利爱国志士共同的理想，呼吁美第奇家族力挽狂澜解救祖国。他的呼吁表面看来似乎把论述的格局缩小了，其实不然：只要政府组织仍然存在于人类社会，只要国家樊篱无法消除，马基雅维利的热情就会产生回响。他在结尾所引佩脱拉克的诗句就足以证明他背负"马基雅维利作风"的恶名并不公平。

无论如何，《君主论》这一本丝毫无愧于"经典"之作的书，其为经典之作的持久价值，与其说是在于书中陈述的政治理论，不如说是在于作者披露或表达观察世界的一个特定方式。马基雅维利使我们了解到采取去道德化的观点所看到的世界会是什么景象，历代读者如痴如迷同时又惶惶不安，说穿了，无非是他们透过那个观点所看到的景象使然。关于这一部经典的历史地位，这么说就够了：《君主论》反映时代的趋势，如哥白尼探究未知的领域，虽然一个是天文领域，另一个是政治领域；如达·芬奇解剖现实，虽然一个是（基督教观念中）上帝创造的身体，另一个是人类创造的政体。

吕健忠

2019 年 3 月 18 日

献辞

尼科洛·马基雅维利敬献
罗伦佐·德·美第奇殿下

但凡存心博取君主之恩宠者，总不免呈献自认最为贵重或自信最能得其欢心之物，是以名驹、兵器、金帛、宝石，诸如此类匹配君主尊荣之饰品，纷纷络绎于途。因此，既然有心向殿下表明区区赤忱，倾我所有之物，最可珍惜者莫过于长期从政襄赞国务又积年累月钻研史籍，殚精竭虑琢磨伟人事迹之心得，如今汇编成册，书虽薄却无损于至意诚心，谨此敬呈于殿下。

自忖拙作无异于野人献曝，但知殿下宅心仁厚，又能在极短时间了解我多年历经艰困与危险，领悟所得，可望念及一介寒士舍此别无更可贵的礼物足以聊表寸心，当不至于回绝。书中并无华丽的辞藻，也没有浮夸的文句，更没有常见文人用于美化题材的种种非关必要的修辞笔法，因为我衷心盼望借笔下揭露之真相及其主题之重大以飨殿下，否则宁可任其湮灭无闻。

身处卑位如我者胆敢议论君主治国之道，但愿也不至于被斥为妄自尊大，个中道理犹如风景画家理当置身平原低处以仰望山岭之势，又置身山岭高处以俯察平地之势，是以唯有身为君主始能了解民情，唯有身为人民始能了解君道。

愿殿下识我献薄礼之诚意，察纳其中旨趣。若熟读精思，必能领略殷殷盼望之情，所盼者唯机运[1]与赋禀必将成就之丰功伟业。倘若殿下立于巍峨之巅偶尔俯察低洼地区，则运气持续恶意构陷，致使我遭受不公不义之冤情，当蒙亮察。

---

[1] 机运（fortuna）：马基雅利笔下的一个关键词，与"运气"同义（详见第二十五章）。本书中遇到要强调时机和运气交互作用的场合，一贯译作"机运"。运气非人力所能左右，时机的掌握却是人力所能及（参见第六章第二至第四段）。

君主论
IL PRINCIPE

第一章
君主国的种类及其建国的方法

古往今来统治过人类的国家和政权,不外共和国和君主国两种。君主国可能是世袭的,即同一个统治家族代代相传,不然就是新建立的。新建立的君主国可能是全新的,如法兰切斯科·斯福尔扎[1]统治的米兰公国,不然就是世袭君主国征服的领地,如西班牙国王征服那不勒斯王国[2]。像这样被并吞的领地,可能早已习惯接受君主的统治,不然就是向来为自由之邦;并吞则可能通过自己的或别人的武力,不然就是凭机运或才能。

---

[1] 法兰切斯科·斯福尔扎(1401—1466)是知名的雇佣军指挥官,他娶了米兰公爵的女儿,1450年以武力夺取米兰的政权。

[2] "西班牙国王"指阿拉贡的斐迪南二世(1452—1516),他和法王路易十二协议瓜分那不勒斯王国,但利益双方未达成共识。爆发军事冲突之后,法国在1505年承认斐迪南为那不勒斯国王。

第二章
世袭君主国

我在另外一本书中花了很长篇幅讨论共和国[1],这里就存而不论。本章所论仅限于君主国,依照前面的分类探讨如何统治进而维持这种政体。

在习惯君主家族统治的世袭国家维系政权,困难远比新建立的国家少得多,因为世袭君主只要不破坏规章,又能随机应变,维持原本的地位绰绰有余。像这样的君主,即使才能平庸,守成绝对不是问题,除非遭遇不可抗拒的外力,导致王位被篡夺。即便如此,只要篡位之君犯下最微小的过失,失位的君主随时有机会复辟中兴。

---

1 指《论李维罗马史》。是意大利尼科洛·马基雅维利创作的历史学理论著作,成书于1513—1519年。是马基雅维里阅读李维《罗马史》开头十卷的心得,结合他个人在佛罗伦萨的从政经验和对于意大利当代历史的观察,从中归纳出政治哲学的理念。

举例来说，意大利的费拉拉公爵[1]先后遭遇1484年威尼斯人和1515年尤里乌斯教皇的进犯，能够抵御成功，就是因为他们家族在该领地根深蒂固的统治权。世袭的君主比较没有理由也比较没有必要伤害百姓，因此自然比较受百姓爱戴。除非恶行重大激起民怨，否则他受到百姓喜欢则是合情合理的，毕竟长期而且持续的统治使得变革的记忆和原因遭人淡忘，因为每一次变革都是为另一次变革铺设坦途。

---

1 马基雅维利把两位费拉拉公爵的两件史实混为一谈：埃尔科莱（1471—1505）对那不勒斯王费兰帖的战争失利，割让不少领土给威尼斯及其同盟，即教皇西克斯图斯四世；埃尔科莱的儿子阿方索（1486—1534）迎战进犯的尤里乌斯二世，后者在1510年组成神圣联盟对抗法国。这个家族从12世纪就开始统治费拉拉。

第三章
混合型君主国

　　新建立的君主国则是困难重重。首先，如果不是全新建立的，而是兼并的，也就是我说的混合型君主国，统治的困难源自所有新建立的君主国都无法避免的一个难题：人总是喜欢更换东家，希望因此受到更好的待遇，这样的信念促使他们奋起反抗统治者，殊不知这根本是自欺，因为经验证实他们的处境每况愈下。这种情况是另一个无法避免的因素造成的：新君主征战的武力必然对被兼并的百姓造成伤害。

　　因此，并吞一个君主国无异于跟所有受到战争之害的百姓为敌。而且你也无法跟帮助你取得权力的人维持友谊，因为你不可能满足他们的期望，也不能采取强硬的手段对付他们，因为你对他们有所亏欠。不论拥有多么强大的武力，进入占领地总需要当地居民的支持。

　　因其如此，法王路易很快占领米兰，转眼间又失去米兰[1]。而且第一次只靠鲁多维科[2]的部队就足以把路易赶走,因为当初打开城门迎接法王的公民发觉自己预期的利益落空,不愿意忍受这位新君主的暴政。不过,反叛的地区一旦再度被占领,就不容易失去,因为统治者会毫不犹豫因利乘便大肆严惩人犯,搜捕可疑分子,在兵力薄弱的地方加强戒备。所以,第一次只需要一位鲁多维科公爵在边境揭竿而起就足以使法国失去米兰,但要使法国第二次失去米兰则得要全世界联合起来摧毁法军,把他们赶出意大利,理由如前所述。

然而,法国的确先后两次失去米兰。前面已经说明法国第一次失掉米兰的原因,现在来检讨为什么法国会再度失掉米兰,看看法王是不是可以有办法避免二度失败,以及别人在类似的情况下可以采取什么措施以巩固既有的成果。

我的看法是这样的。历史悠久的政权并吞领土,征服者

---

[1] 法王路易十二于1498年继承王位后,主张自己也有权利继承那不勒斯和米兰的统治权,并于1499年短暂占领米兰。1500年,因米兰爆发叛乱,统治权重归米兰公爵。

[2] 鲁多维科:鲁多维科·斯福尔扎(1451—1508),米兰公爵法兰切斯科·斯福尔扎之子,在法国入侵意大利之后于1494年成为米兰公爵,五年后被法国逐出米兰。1500年,鲁多维科率领一支瑞士籍雇佣军试图重返米兰,在纳瓦拉遭遇法国部队,因为雇佣军不愿意跟为法国效劳的同胞作战而被俘。他是达·芬奇的赞助人之一。

和被征服者可能同文同种，也可能不是。在同文同种的情况下，征服者要保有成果并不难，被征服者如果不习惯于自治时尤其如此，只要消灭统治他们的王室就够了，其他方面不妨率由旧章。古老的生活方式维持不变，风俗习惯相同的人自会相安无事。勃艮第、布列塔尼、加斯科涅和诺曼底都是这样，老早就成为法国的一部分。虽然语言有些差异，可是习俗类似，自然容易相处。占领并希望保有这些地方的人必须牢记两件事情：第一，旧君主的族人必须斩草除根；第二，法律和赋税不做改变。这样一来，新政权和旧领地在很短的时间内就水乳交融成为一体。

如果征服者和被征服者不是同文同种，法律习俗也不一样，就难免困难。在这样的情况下，保有占领地得要有相当的运气和才智。最好也最有效的办法是占领者亲自坐镇占领地，这样统治权才能稳固而持久，就像土耳其人占领希腊那样。如若不然，不论采取多少预防措施也不可能保有那一片占领地。就是因为人在现场，乱事初起即可迅雷不及掩耳加以平定，否则听到动乱的消息时已经事态严重，根本来不及亡羊补牢。此外，有君主坐镇，官员不至于豪夺强取，平民也乐意就近求助于君主。这样一来，愿意效忠的人更有理由心生爱戴，图谋不轨的人更有理由心生畏惧。在这样的情况下，想要进犯那个占领地的外国势力势必踯躅不前，因为要丧失君主亲自坐镇的占领地，戛戛乎其难。

退而求其次的方法是，在占领地选择一个或两个关键地区建立殖民地。除非做到这一点，否则占领者势必要维持相当数量的步兵和骑兵。建立殖民地不需要花太多的经费，维持殖民地所需经费更少，甚至不必花钱。这个办法只伤害到田地和房屋被征收给殖民者的原住民，因此受害的毕竟是少数人，又都是散居的穷人，他们永远不会造成任何伤害，绝无可能构成威胁。至于其他的原住民，一来他们自己没有受害，因此易于保持沉默；二来他们会害怕自己成为下一拨的受害人，因此不敢轻举妄动。我的结论是，建立殖民地符合经济效益，殖民者向心力强，衍生的问题少，不会造成威胁，因为受害的都是流离失所的穷人，就像我在前面说的。在这方面，值得注意的一点是，对待被征服的人，不是安抚就是歼灭，因为人受到轻微的伤害会寻求报复，受到重大的伤害就算想报复也无能为力。所以说，害人就要害到底，以杜绝后患。

如果不是建立殖民地，而是维持驻军，那花费可大了。为了维持这样的防卫军力，可能耗光整个地区的岁入，得不偿失。更大的后患是，驻军论调使得所有的人都觉得芒刺在背，徒惹民怨，四处树敌。这样制造出来的敌人，虽然是被征服者，却都是当地人，破坏力不可小看。所以说，不管从哪一个角度来看，这样的国防政策都根本没用，殖民才是最有效的政策。

如果君主占领的地方在前面提到的各方面都跟自己的国家不一样，那么他应该使自己成为势力较小的邻邦的领袖和保护者，并且尽可能削弱势力较大的邻邦，还应该步步为营，阻止旗鼓相当的势力进入邻近地区，因为外国势力有机会长驱直入往往是由于有人出于野心或恐惧而对统治者心生不满，于是寻求外力干预。就像罗马人进入希腊是出于埃托利亚人的请求，罗马人进入任何其他地区也都是应当地居民之请。接下来往往发生这样的事：势力强大的外国人一进入某个地区，地方上较小的势力因为嫉恨统治他们的权力而无不竞相攀附，因此入侵者能够轻易笼络那些小势力，因为他们一个个迫不及待要自愿归顺。他只要小心不让他们掌握太多的势力和权威，那么自己的武力加上归顺者的支持，就很容易压制他们当中较大的势力，自然而然称霸那个地区。这事处理不好的话，则很快会失去占领的地区，在占领期间也会面临无数的困难和烦恼。

罗马在他们的占领区很小心地遵循这样的方法。他们派出殖民团队，安抚比较弱小的势力却不至于让他们壮大，压制比较强大的势力但不容许势力强大的外国人有立足之地。只要举出希腊的例子就足以说明我的论点。罗马人让希腊境内的阿凯亚人和埃托利亚人互相牵制,却彻底击垮北方的马其顿王国,又把叙利亚国王安条克的势力赶尽杀绝。可是罗马人并不因阿凯亚人和埃托利亚人有功劳而让他们有机会壮大势力,也不因马其顿的腓力能言善辩就对他友善,而是先挫他的锐气再谈和,而且也不因安条克仍有影响力就让他在希腊境内保留地盘[1]。

罗马人诸如此类的事例为所有明智的君主立下榜样:君主不只是要对眼前的困难明察秋毫,而且还要未雨绸缪;只有深谋远虑才可能做到防微杜渐。如果因循苟且,养痈遗患,到时候会落得无可救药的下场。医生对疾病[2]的看法可以应用在这里:病发之初容易治疗,可是难以诊断,随时间推移,当初难以诊断而容易治疗的疾病却演变成容易诊断而难以治疗。国家事务也是同样的道理,及早看出酝酿中的事情(这是审慎的统治者独具的天赋)就可以迅速矫治,贻误先机等

---

[1] 公元前197年,罗马帝国打败马其顿的腓力五世,取代马其顿成为希腊的主宰。安条克(前223—前187)入侵希腊,于公元前190年被罗马驱逐。

[2] 马基雅维利说的是肺结核。

到人尽皆知的地步就无法矫治了。

由此可见,罗马人因为洞察先机总能找到补救的办法。他们绝不至于为了避免战争而任由事态发展到不可收拾的地步,因为他们知道战争必不可免,延误时机只是把优势拱手让给别人。因其如此,他们抢先进军希腊,对腓力和安条克发动战争,为的是避免战火波及意大利。当时他们大可不发动这两场战争,可是他们没有那么做。他们不会像我们这个时代自作聪明的人整天挂在嘴巴上说的那样"享受时间带来的好处",而是宁可享受自己的实力和智虑带来的好处,因为时间的巨轮往前推动,祸福相倚,什么事都可能发生,带来好处的同时也带来坏处,带来坏处的同时也带来好处。

回头来看看法国的情形是不是像我们说的这样。我指的不是查理,而是路易[1],因为他占领意大利的时间比较长,容易看出他的所作所为跟维持国外占领地所该采取的措施背道而驰。

路易十二被迎入意大利是由于威尼斯人的野心,他们想

---

[1] 查理八世(1470—1498)于1494年入侵意大利,1495年占领那不勒斯之后,主张自己拥有那不勒斯王国的继承权,却遭遇由米兰、威尼斯、西班牙、教皇亚历山大六世和神圣罗马帝国皇帝组成的威尼斯联盟一致反对,不得已而班师回国。他的继承人即路易十二,见第24页注1。

要借助法国的势力获得半个伦巴第。我不想非议法王的军事行动，毕竟他要立足于意大利，却没有当地的盟友。因为查理八世的行为使得他在意大利到处吃闭门羹，他只好将就接受现成的友谊。要不是另外犯了错，他有可能如愿以偿。征服伦巴第之后，他很快恢复查理八世丧失的名望。热那亚屈服了，佛罗萨人成为他的朋友，曼图亚侯爵、费拉拉公爵、本蒂沃利奥家族、福尔利伯爵夫人、法恩扎大人、佩萨罗、瑞米尼、卡梅瑞诺、皮翁比诺、鲁卡的人民、比萨、锡耶纳，个个争先恐后跟他套交情。到了那个地步，威尼斯人才看明白自己的莽撞：为了获得伦巴第的两个镇，他们使得法王成为意大利三分之一领土的主人。

想想看，只要遵照上述的规则，法王不费吹灰之力就能够维持他在意大利的地位，并且保障全体盟邦的友谊。那些盟邦虽然数目众多，却实力薄弱，不是怕教会，就是怕威尼斯人，只好跟他结盟。他联合这些较小的势力，轻易可以抗衡其他较大的势力，使自己没有后顾之忧。可是他一进入米兰就反其道而行，帮助教皇亚历山大六世占领罗马涅。他也不明白这个决定无形中削弱了自己的实力，而且疏远了自己的朋友和那些向他投怀送抱的弱小势力，更使得教会如虎添翼，在精神力量之外又多了世俗的权力。犯下这第一个错误，就只好一错再错，以至于为了制止教皇亚历山大六世的野心，并阻止他成为托斯卡纳的主宰，路易不得不进军意大利。

法王路易十二壮大教会的势力又丧失自己的盟邦还不过瘾。他觊觎那不勒斯王国，竟然联合西班牙王国把它瓜分。他原本是意大利境内唯一有能力呼风唤雨的人，却引进一个实力在伯仲之间的伙伴，使得本地野心勃勃和心怀不满的人有了投靠的对象。他本来可以留下一个傀儡统治那个王国，却偏偏带来一个后来把自己赶走的竞争对手。

征服的欲望既自然又正常，成功了总会受到赞扬，不会受到谴责[1]。如果征服不了却又不计代价要加以征服，这就大错特错，该受谴责。路易十二如果能够凭自己的武力打败那不勒斯王国，就应该这么做；如果实力不足，他就不应该想要瓜分。他先前和威尼斯人瓜分伦巴第是情有可原，因为这使他能够在意大利获得立足点；他和西班牙瓜分那不勒斯该受谴责，因为根本没必要。

所以说，路易十二犯了五个错误：他摧毁较弱的势力；他使一个强大的势力更为壮大；他带来强大的外国势力；他自己没有在当地驻扎；他没有建立殖民地。虽然犯下这些错误，但

---

[1] 用国人熟悉的措词就是"成王败寇"。

他只要不犯下第六个错误，有生之年也还不至于威望受损。然而他却犯了这第六个错误：夺取威尼斯的领土。如果他没有使教会壮大，也没有把西班牙人带到意大利，那么他挫挫威尼斯的锐气是合理的，也有必要。可是既然采取了这两个步骤，他就不应该使威尼斯一蹶不振：因为强大的威尼斯足以防止西班牙垂涎伦巴第——一方面是由于一山不容二虎，威尼斯人不会容许西班牙染指伦巴第，另一方面是由于西班牙和教会都不可能从法国手中把伦巴第夺回来再送给威尼斯，而且没有人惹得起法国和威尼斯的联合势力。

或许有人会说，法王路易十二把罗马涅让给教皇亚历山大六世，又和西班牙瓜分那不勒斯王国，是为了避免战争。根据前面的分析，我的答复是这样的：不应该为了避免战争就容许混乱，因为战争根本无从避免，拖延只是对自己不利。如果有人说法王成全教皇扩张势力是有附带的条件，以交换教皇在取消他的婚姻和任命鲁昂的红衣主教这两件事上的让步[1]。这个问题，我暂时保留，等到论及君主的承诺和守信时再进一步讨论。

---

1 路易十二想要跟王后乔安娜离婚，以便迎娶查理八世的寡妻，即布列塔尼的安妮。他也希望自己宠信的大臣乔治·安博瓦兹能够从大主教晋升为红衣主教。

法王路易失去伦巴第，因为他没有遵循那些攻城略地之后想要维持统治的人所依照的原则。这事说来不足为奇，而且是理所当然。瓦伦蒂诺公爵——教皇亚历山大的儿子切萨雷·博尔贾通常被这么尊呼——占领罗马涅期间，我在南特和鲁昂红衣主教谈到这件事，鲁昂红衣主教说意大利人对战争简直一窍不通，我说法国对政治简直一窍不通。法国人如果懂政治，就绝不会允许教会获得那么大的势力。经验告诉我们，教会和西班牙在意大利的势力都是法国带来的，结果证实法国是自掘坟墓。由此得出一个百试不爽的通则，失误的概率微乎其微：壮大别人的势力终究导致自己的灭亡，因为那样的势力无非源于狡猾或武力，可是势力已经坐大的人对狡猾和武力会有戒心。

第四章
亚历山大死后,他所征服的大流士王国
为什么没有反叛其继任者

占领一个国家后要维持统治权,困难重重。有鉴于此,我们不免好奇,亚历山大大帝在短短几年间君临亚洲,刚占领却来不及统治就过世了,照理应该遍地响应反抗异族统治的号召才是。可是他的继任者却控制得好好的,除了自己人的野心倾轧,没有其他困难。

我的看法是这样的。我们所知道的君主国,不外有两种统治方式:一种是君主高高在上,朝臣是他的仆人,经由他的恩准帮助他治理王国;另一种是由君主和贵族共同治理,贵族的地位不是君主的恩赐,而是来自身世血统。像这样的贵族有自己的领地和臣民,被当成主子,受到自然的爱戴。在由君主和群臣治理的领地,君主比较有权威,因为在他管辖的领土上,没有人比他地位更高;如果还有别的人需要服从,那无非是他的朝臣或官员,臣民们对这些官员可谈不上

自然的情感。

这两种政府体制,当代的例子分别有土耳其皇帝和法兰西国王。土耳其全国由一个主子统治,其余全都是他的仆人。他把他的国家分成几个部分,分别指派行政官员,任命和撤换都是随他自己高兴。反观法兰西国王,他身边有一群世袭的贵族,这些贵族在自己的领地内有自己的臣民,也受到臣民的爱戴。他们享有世袭的权利;国王如果剥夺他们的权利,一定会危害到自己。比较这两种体制可以发现,要征服土耳其那样的国家比较困难,可是征服之后很容易维持统治。至于法国那样的国家,要占领是比较容易,但要维持统治却相当困难。

土耳其那样的国家难以征服,原因是入侵者不可能受到内奸的邀请,也不可能寄望皇帝身边有叛臣助以一臂之力。理由如前面所述:聚集在皇帝身边的都是奴才,只能仰统治者的鼻息,就算收买他们也不会有多少效果,因为他们无法吸引别人追随他们,就像前面所述。因此,想要进攻土耳其,必须考虑到他们团结一致的力量,必须完全依靠自己的武力,而不是指望对方发生内乱。可是,一旦被击败,无法重振旗鼓,那么除了王族的成员以外,根本没什么好怕的。如果把王族消灭,那就可以高枕无忧了,因为其他人在百姓面前没有威信。就如同胜利者在获胜以前不能指望他们，获胜以后也不需要对他们有所忌惮。

像法国那样的王国，情形恰恰相反，你只要争取到王国内部某些贵族的支持，轻易可以长驱直入，因为你总是找得到心怀不满和渴望改变的人。这些人，基于前面说过的理由，能够为你打通穿越国门的康庄大道，还协助你获胜。然而，征服之后要维持统治却困难重重，协助你的人和被你压制的人同样会使你疲于应付。就算你把王族斩草除根也没用，因为贵族一个个都是一方之霸，都有能力跟你作对。你既无法满足他们，也无法消灭他们，随时可能得而复失。

回头来看看大流士政府的性质，你会发现它类似土耳其人的王国，所以亚历山大的首要之务是在战场上彻底把大流士击垮。胜负底定，大流士也死了，整个王国的领土就这样牢牢掌控在亚历山大手中，理由如前所述。他的继任者如果团结一致，他们大可安逸享受成果，因为在那个国家，除非内部自己惹出事端，不会有动乱。

可是像法国那样的体制，占领之后要维持统治可没那么容易。因其如此，西班牙、法国和希腊经常发生反抗罗马人的暴动，都是由于这些地方有许多君主国，只要这些君主国不健忘，罗马人的权力就不稳固。可是一旦传统断绝，长期又强势的统治就能使罗马人高枕无忧。后来罗马人发生内讧，各方势力都能够仰赖自己在地方上的权威一呼百应；因为以前的统治家族已经灭绝，他们只承认罗马人的统治。把这些事放在一起考虑，就不会对亚历山大轻易控制亚洲的帝国感到惊讶，也不难明白皮洛士[1]和其他许多人为何控制不了他们征服的领土。这跟征服者的能力无关，而是情况不同所致。

---

1 皮洛士（前319—前272）统辖亚历山大建立的王国埃皮鲁斯，在意大利对罗马人开战，虽然获胜，却损失惨重，根本得不偿失。

第五章
如何治理被征服以前独立自治的城邦或君主国

就像我说过的,对于已经习惯在自己的法律下自由生活的国家,征服之后可以有三种不同的方式维持既有的成果:第一种方式是毁灭;第二种方式是征服者亲自去坐镇;第三种方式是让他们继续生活在自己的法律下,但强迫他们纳贡,并在当地扶植对你亲善的寡头执政团。像这样在君主的扶持下成立的政府知道没有你的友善和保护无法独当一面,一定会竭尽所能跟你维持友好的关系。想要保有习惯于自由生活的城邦,最便捷的途径是通过该城邦的公民借力使力。

要举实例,斯巴达人和罗马人就是现成的例子。斯巴达人占领雅典和底比斯,分别在那两个城邦扶持由少数人组成的政府,终究失去控制权。罗马人为了保有卡普阿、迦太基和努曼提亚,彻底加以摧毁,果然没有失去那三个地方的控制权。他们曾经试图沿用斯巴达人的方式控制希腊,让他们依照自己的法律自由生活，结果功亏一篑。后来，为了保有希腊而不得不摧毁境内许多城市。事实上，除了加以摧毁，根本没有稳当的方式保有既得的成果。任谁占领习惯于自由生活的城邦却不加以摧毁，都早晚会被那个城邦给摧毁，因为那样的城邦总是会以自由的精神和传统的制度为名揭竿起义，时间的推移或利益的赏赐都无法消除他们的集体记忆。任何措施和防范都于事无补，只要他们还聚居在一起就不会忘记那样的精神和那种制度，一有风吹草动就会像比萨那样，臣服于佛罗伦萨人一百年后，照样逮到机会就寻求独立。

可是习惯于君主统治的城邦或地区，一旦统治的家族灭绝，一方面因为服从惯了，另一方面因为失去旧君主又无法自行推选新的君主，也还不知道如何过自由的生活，因此不会轻易揭竿而起，这使得征服者很容易争取到民心，进而得到他们的支持。

但是，在共和国里头，活力充沛得多，积怨更深，而且复仇的欲望更强烈，缅怀古老的自由使得他们既不会也不能平静下来甘于顺从，所以最稳当的方法是把他们消灭，不然就是征服者亲自驻守。

第六章
依靠自己的武力和能力获取的新君主国

说到君主和组织都是全新的王国，请不要惊讶我援引最卓越的例子，因为人几乎总是走别人走过的路，并且效法他们的事迹。智虑周全的人总应该用心追随伟人的脚步，模仿最出类拔萃的那些人，这样即使能力无法跟他们相提并论，至少可以受到熏陶。要做到这一点，应该学习审慎的弓箭手，瞄准的目标看起来太遥远的时候，知道张弓的力道不足，会把视线拉得比预定的目标高，不是为了把箭射到那样的高度，而是要借助于那样的高度射中预定的目标。

因此我认为，全新的君主国由新君主统治多少会遭遇困难，困难的程度则视征服者的能力而定。平民摇身一变而为君主有先决条件，要不是智谋[1]过人就是机运促成。看来这

---

[1] 智谋：原文 virtù，通常译作"德性"，但马基雅维利用到这个词主要涉

两个条件中的任何一个都应该有助于减轻许多困难,但实情却是越少仰赖运气则更能长治久安。新君主如果没有别的领地要治理,那么亲自坐镇在自己征服的领地上最有利。

至于靠智谋而不是靠运气成为君主的那些人,我认为最令人激赏的是摩西、居鲁士、罗慕路斯、忒修斯之辈[1]。虽然我们不应该讨论摩西,因为他只是执行上帝的指示[2],但是他仅凭有资格跟上帝对话的恩宠就值得我们敬佩。至于获得或建立统治权的居鲁士等人,你会发现他们全都值得敬佩。如果细察具体的作为和建立的制度,他们和摩西并无不同,虽然他的先知地位无人能及。再来检讨他们的事迹和生平,可以看出他们从机运接收到的只是机会,他们善于掌握时机,因此能够依照自己的意愿把机会提供的材料塑造成形。如果没有那样的机会,他们的心志不会有用武之地;如果少了心

及勇气、才能与效能,罕有道德方面的涵义,本书的译法取决于语境。

1 按《旧约》记载,摩西制定犹太人的律法;居鲁士(前 599—前 529)建立波斯帝国;罗慕路斯是公元前 753 年建立罗马城的神话人物;忒修斯是传说中建立法制基础的雅典王,他最广为人知的英雄伟业是杀死被囚禁在克里特迷宫的半人半牛怪。值得注意的是,马基雅维利素以极端的现实主义观点闻名,可是这里所举的例子,竟然只有居鲁士是历史上的政治人物。

2 见《旧约·出埃及记》第三章七至十节。

志，机会将平白流失。

因其如此，摩西有必要在埃及奴隶中发现犹太人受到埃及人的压迫，这样才能使他们下定决心追随他以摆脱束缚。罗慕路斯有必要离开阿尔巴，并且一出生就被遗弃，这样才有可能建立罗马成为国王。居鲁士有必要发现波斯人对米底人统治的不满之情，以及米底人历经长期和平之后民性变柔弱。忒修斯要不是发现雅典人形同一盘散沙，不可能展现他的才能。所以说，机会使这些人功成名就，他们具有杰出的能力洞烛先机，他们的国家因此欣欣向荣受人景仰。

像这些人，他们凭自己的才能历经千辛万苦才建立王国，却轻轻松松维持国祚。他们在建国过程中遭遇困难，部分原因是为了巩固国本而不得不创设新的规范和措施。别忘了，没有比引进新的制度更棘手的事，因为它们实施起来困难重重，成败在未定之天，推广起来则更是处处风险。倡导新制度无异于跟所有的既得利益者为敌，只有那些可能因新制度而获益的人会跟他站在同一个阵线，可是那些人不会太积极。他们之所以不会热情相挺，部分源自恐惧，因为他们的对手有法律作后盾；部分源自怀疑的天性，因为人天生不信任陌生的事物，除非有亲身的经验。于是出现这样的情况：只要有敌意的一方逮到机会发动攻势，他们就热血澎湃地群起围攻，采取守势的一方却总是三心二意，和君主的处境一样岌岌可危。

如果想彻底检讨这个问题，有必要探究这些开创新制度的人到底是凭自己的实力，还是倚赖别人的支持。这也就是说，为了落实革新的蓝图，他们到底是要求助于别人，还是能够施展自己的权力。在第一种情况下，他们总是处处碰壁，落得一事无成的下场；但是，如果依靠自己的本事施展权力，他们很少会遭遇危险。这就不难理解为什么同样是先知，手握武力的都是胜利者，赤手空拳的则一败涂地。

此外，民众天生反复无常，说服他们容易，要他们坚定信念可就难了。因此一定要未雨绸缪，一旦他们信心动摇，有武力就可以迫使他们坚定信念。假如摩西、居鲁士、忒修斯和罗慕路斯没有武力，民众不可能长期遵行他们开创的制度。我们这个时代的萨沃纳罗拉修士就遭遇过这样的困境。他提出一套新的制度，可是在民众丧失信心的时候，对于曾经相信的人，他没有办法维持他们的信心，对于一开始就不相信的人，他没办法打消他们的疑虑，一片美意因此付诸流水，人也跟着遭殃[1]。由此可见，这一类人在推动他们的理念

---

1 佛罗伦萨于1494年驱逐美第奇家族，接着建立萨沃纳罗拉（1452—1498）主导的共和体制。后来萨沃纳罗拉因主张宗教改革而被教皇亚历山大六世逐出教会，从此失势，1498年被送上断头台。

时有许多困难，他们必须靠自己的才能一一克服。可是，一旦渡过难关，把嫉妒英才的人消灭之后，他们开始受人敬重，大权在握自然地位稳固，受人景仰且幸福快乐。

除了这些典型的例子，我想补充一个比较不起眼的人物，名气虽小却足以与之前几位相提并论。这个人就是叙拉古的希罗[1]。他出身平民，却成为叙拉古的君主，不靠运气，却善于掌握机会。他看到叙拉古人受到压迫，被拥戴为领袖，从此凭自己的才能成为他们的君主。他还是平民的时候就展现出过人的才能，就像他的传记作者说的："他具备君主的风范，只是欠缺一个王国。"他解散旧军队，建立新军；他抛弃旧盟友，结交新盟友。他有自己的军队和盟友，因此有能力在这样的基础上营建自己属意的大厦。他费了很大的心力才获取王位，却轻轻松松安享王位。

---

[1] 叙拉古位于西西里岛的东南部，是希腊殖民城市。希罗二世（前308—前215）发动军事政变，成为该城邦的专制君主，在罗马帝国与迦太基为了争夺西地中海霸权而爆发的第一次布匿战争初期与迦太基结盟，可是后来转而与罗马谈和结盟。

第七章
仰赖别人的武力和机运获取的新君主国

只凭机运就从平民登上君主之位的人，平步青云不费太多心力，保持君主之位却煞费苦心。因为是一步登天，没有障碍，可是登上极位之后，所有的困难接踵而来。那些人掌握统治权无非是因为富甲一方或受到垂爱，这种事例在希腊不胜枚举，像大流士在爱奥尼亚和赫莱斯蓬地区[1]为了巩固自己的安全和荣耀而封赏的许多王国都是。类似的例子也见于某些皇帝，他们靠收买军队而从平民跃登尊位。这一类君主能保住王位完全仰赖提拔他们的人的好意和运气，可是意愿和运气同样既不确定又不可靠。他们不知道如何也没有能力维持自己的地位。说他们不知道，因为除非是天纵英才，

---

[1] 赫莱斯蓬地区：爱奥尼亚位于爱琴海东岸的小亚细亚地区，希腊人从公元前 11 世纪就开始建立殖民城市。赫莱斯蓬即现在的达达尼尔海峡。

出身平民的人不懂统治之道是理所当然；说他们没有能力，因为他们没有忠实可靠的武力。

打比方来说，骤然崛起的政权就像自然界所有迅速增生的东西，扎根不深又没有枝桠交错，一变天就连根拔起。除非一夕间登基为王的那些人，就像我说过的，具有非凡的能力，未雨绸缪，短时间做到有备无患，及时把握运气的赏赐，又及时补强别人登基之前就打好的基础。

关于前面提到成为君主的这两个途径，即仰赖才能或仰赖运气，我想举出两个当前的例子，一个是法兰切斯科·斯福尔扎，另一个是切萨雷·博尔贾。法兰切斯科借由必要的手段和非凡的才能，从平民成为公爵，进取时历经千辛万苦，守成时却少有波折。在另一方面，大家习惯称其为瓦伦蒂诺公爵的切萨雷·博尔贾，由于他父亲的垂爱而成为米兰公爵，这个条件一消失[1]，他的王国也失去了——虽然他为求坐稳依靠运气和别人的武力得来的王位，用尽了有智虑和有才能的人，将他们作为巩固国本的一切手段。就像前面说的，事先没有奠定基础，事后借非凡的才能可以亡羊补牢，可是事后补救对建筑师总是棘手，对建筑本身也有危险。细察瓦伦蒂

---

[1] 教皇亚历山大六世于1503年8月突然去世。

诺公爵步步为营的过程，我们看得出他为了奠定日后坚实的权力基础煞费苦心，我相信这件事值得深入讨论，因为我想不出更好的例子可以提供给新君主[1]作为前车之鉴。如果说他的计划功亏一篑，那不是他的错，而是运气极端不好的特例。

亚历山大六世为了提拔自己的儿子，也就是瓦伦蒂诺公爵，遇到许多困难，有眼前的，也有未来的。首先，他看不出有什么方法可以使他在教皇辖区以外的地方成为国君。如果想要强夺教廷的领地，他知道威尼斯人和米兰公爵都不会同意，因为法恩扎和瑞米尼都已经接受威尼斯人的保护。此外，他看出意大利的军队，尤其是他自己想派上用场的部分，全都掌握在有理由畏惧教皇权力的那些人手上，包括奥希尼家族、科隆纳家族[2]和他们的党羽，他不能指望他们。因此，为了使自己成为能够左右大局的人物，他必须打破现状，在列国之间造成动乱。这难不倒他，因为他发现威尼斯人由于别的因素已经决定央请法国重返意大利，于是顺水推舟，不

---

[1] 马基雅维利所称的"新君主"，不是指"新即位的君主"，而是指"新建立的君主国的君主"，是"世袭君主"的反义。

[2] 奥希尼家族和科隆纳家族这两大罗马的名门望族是宿敌，可是双方都无法让追逐权力的切萨雷·博尔贾和教皇亚历山大六世寄予信任。

只是不反对，而且还解除法王路易十二的第一次婚姻，使他没有后顾之忧。于是法王在威尼斯人的帮助和教皇亚历山大六世的同意下进入意大利。他一抵达米兰，教皇立刻向他借兵进攻罗马涅，他的盛名使得教皇一战成功。

既已取得罗马涅，又打败科隆纳家族，瓦伦蒂诺公爵希望维持既有的成果，进而采取下一步行动，却被两件事给绊住了。一件是他怀疑自己指挥的部队是否可靠，另一件是他怀疑法兰西国王的善意。这也就是说，他赖以打下江山的是奥希尼家族的军队，这支部队可能不再效忠他，不只是会妨碍他获取更多领土，甚至会夺走他已经占据的领土；法王也可能会做出同样的事。他跟奥希尼家族的士兵有过一次类似的经验：取得法恩扎之后，他进攻博洛尼亚，却看到他们不情愿上战场。至于法王，他占领乌比诺公国之后，被迫放弃进军托斯卡纳的计划，因此得知法王的意向。于是公爵下定决心，不再仰赖别人的军队和好意。

他采取的第一个步骤是削弱奥希尼和科隆纳在罗马的势力，争取到曾追随那两大家族的贵族，仍然保留他们的贵族身份，另又给予重赏，还根据他们的爵位授予文武官职。结果，几个月之后，他们的派系向心力烟消云散，一个个成为公爵的人马。他离间科隆纳家族的党羽之后，接着便等待机会要消灭奥希尼家族的领导人物。好机会终于来临,他掌握时机又恰到好处,简直是搭配得天衣无缝。奥希尼家族后来了解到公爵和教会势力坐大意味着自己的灭亡,于是在佩鲁贾境内的马焦内召开会议。这一场会议导致乌比诺发生叛乱,罗马涅动荡不安,公爵本身则面临无止境的危险。然而,由于法国的援助,所有的难题迎刃而解。

公爵重振声誉之后,不再信任法王或其他任何外来的军队。为了避免风险,他改用欺骗的手段。他善于隐瞒自己的意图,千方百计拉拢保罗大人[1],奉送金钱、衣帛、良马,竟使得奥希尼家族在保罗的主导下跟他和解,还傻里傻气地带着自己的人马齐聚西尼加利亚,在那里落入公爵手中。既已杀死这些首脑,又把他们的党羽变成自己的朋友,公爵为自己的权力奠定了坚实的基础,整个罗马涅和乌比诺公国全都在他的掌控下。更重要的是,他对罗马涅表达友善,让当地民众尝到他统治的好处,因此赢得全民一致的拥戴。

因为这件事值得注意又值得效法,我不会略过不谈。公爵占领罗马涅之后,发现统治当地的贵族都是无能之辈,心

---

[1] 保罗大人即保罗·法兰切斯科·奥希尼。1502年12月31日,博尔贾在西尼加利亚变节,导致他的对手奥利佛罗托·欧弗雷杜奇和维帖洛佐·维帖利当场被暗杀,保罗则在几天后去世。

思都放在如何掠夺自己的属民,而不是妥善地管理,他们因此有充分的理由分崩离析,而不是团结一致,这使得整个地区盗贼猖獗,横行霸道和无法无天的事所在多有。他认为,如果要恢复秩序,使民众乐于服从统治者的法律,有必要建立贤能的政府。因此,他指派残酷却干练的雷米罗·德·奥尔科先生到那个地区,由他全权治理。这个人在短时间内使那个地区恢复秩序和统一,从而为自己博得盛誉。后来公爵认定不再有必要授予这么大的权力。他担心自己招来民众的反感,因此在那个地区的心脏地带设立了一个民事法庭,指派一位优秀的法官担任庭长,每个城市也都派出自己的陪审法官。他知道过去的严厉措施累积了不少民怨,现在为了改变民众的观感以争取民心,他要展现给大家看,所有残酷的措施都不是他的本意,而是那位行政首长天性残暴所致。于是,他抓住时机,大清早派人在切塞纳—马恩省把雷米罗先生腰斩两段,尸体旁边还摆了砧板和血淋淋的剑。这个景象震撼人心,使人民同时感到痛快和惊恐。

还是言归正传吧。我要说的是,公爵觉得自己势力够大了,也如愿以偿有自己的军队,并且大规模消灭了邻近地区可能危害到他的武力,多少解除了眼前的险象。可是,他如果还要继续南征北讨,就不能不把法王列入考虑。他看得出这位国王知道自己犯了悔之莫及的错,不会进一步支持他的征伐大业。因其如此,他开始寻求新的盟邦,并且在法国进军那不勒斯王国以对抗正在围攻加埃塔的西班牙人期间,对法王采取拖延策略。他的用意是在跟他们打交道时确保自己的安全。如果亚历山大教皇还活着,他很快会成功。

他采取这样的方式对付眼前的问题。至于未来的事,他首先担忧的是,新继任的教皇可能对他不友善,甚至可能剥夺他从亚历山大教皇那里获得的一切。为了防患未然,他拟定四个不同的方式以求自保。首先,他把先前被他征服的统治家族所有的亲戚全部处死,务使教皇没有任何可乘之机。其次,拉拢罗马贵族,争取他们的友谊,以便通过他们牵制教皇,就像前面说过的那样。第三种方法,尽可能控制枢机团[1]。最后一个方法,在亚历山大教皇去世以前取得足够多的领土,以便在没有盟友支持的情况下能够抵挡敌人的第一击。

亚历山大六世去世时,他已经完成其中的三件,第四件事也接近完成。被他征服的君主只要落入他的手中就杀无赦,幸免的屈指可数。他已经争取到罗马贵族的支持。枢机团的成员多的是附和他的人。至于获取新领土,他已经拥有佩鲁

---

[1] 枢机团是有权选举教皇的普世枢机主教团体。

贾和皮翁比诺，享有比萨的宗主权，又计划要征服托斯卡纳。由于西班牙人已经把法国人赶出那不勒斯王国，这两个国家都要收买他，他不再需要顾虑法国的立场，于是立刻出兵比萨。比萨沦陷，卢卡和锡耶纳随即投降，部分是因为他们怀恨于佛罗伦萨人，部分是因为他们畏惧公爵的势力。如果他在亚历山大六世逝世的那一年还是这样一帆风顺下去，佛罗伦萨人只能徒呼奈何，因为他不必仰赖运气和别人的武力，而是只靠自己的实力和才能就博得那么大的权力和声誉。

可是，亚历山大教皇在瓦伦蒂诺公爵第一次用兵之后五年去世。他留给儿子的只有罗马涅，其他的都还是空中楼阁，而且罗马涅虽然政权稳固，却夹在两个非常强大的敌人之间。更不巧的是，公爵自己病重。他积极进取又才能出众，对于有人成功却也有人失败的道理有深刻的体认，在这么短的时间奠定如此坚实的基础，如果不是强敌压境，如果他身体健康，他会一一克服所有的困难。说他基础稳固是有根据的：罗马涅忠心耿耿静候他不止一个月；他在罗马虽然只剩半条命，但还是安全得很；巴利奥尼、维帖利和奥希尼三大家族的人都来到罗马，却发觉他们的盟友没有反对他；他虽然无法自行选择教皇，至少有办法阻止他不中意的人成为教皇。如果亚历山大六世去世时，他的健康状况良好，事情就简单了。尤里乌斯被选为教皇的那一天，他亲口对我说，他设想过随他父亲去世可能面临的状况，却没料到自己会在那个时刻走近鬼门关。

回顾公爵的所作所为，我看不出有什么可以非议的地方；相反，我确信他提供了一个典范，凡是借由机运和别人的武力攀登权力阶梯的人都应该效法。他有过人的勇气和远大的抱负，除这条路以外没别的选择。他的计划无法实现，只是因为亚历山大六世寿命短而他自己身体弱。所以说，不管什么人，在新获得的王国只要认定有必要保护自己不受敌人侵略，有必要笼络朋友，有必要征服邻邦，无论通过武力或诈术，有必要使自己受到民众的爱戴和畏惧，有必要赢得士兵的敬重和效忠，有必要处死可能对他造成伤害的那些人，有必要改革旧制度，有必要恩威并济，有必要宽大为怀，有必要另建新军取代存有异心的部队，有必要在结交国王[1]和君主[2]时讲究手段使他们必定乐意帮助你却不敢贸然得罪你——像这样的人不可能找到比瓦伦蒂诺公爵的所作所为更值得效法的榜样。

---

1 国王：法国和西班牙这种统一王国的统治者。
2 君主：意大利境内各君主公国的统治者，及本书标题所称的"君主"。

要责备的话，只能责怪公爵支持尤里乌斯出任教皇。他在这件事上做出错误的选择，因为正如我在前面说的，他虽然没办法选出自己喜欢的教皇，却有办法阻止任何人当选，因此他不应该同意被他伤害过或上任后有理由对他心怀畏惧的枢机主教被选为教皇。被他伤害过的枢机主教包括铁链加身的圣彼得[1]、科隆纳、圣乔治、阿斯卡尼欧[2]。其余的，除了鲁昂和西班牙的枢机主教，只要当上教皇都会怕他：后者是因为跟他有关系，有情义债；前者是因为法国的关系，有影响力。基于这些理由，公爵无论如何都应该选择西班牙籍的教皇；退而求其次，应该同意鲁昂枢机主教出任教皇，而不是任由铁链加身的圣彼得出线。如果有谁相信新的利益会使位高权重的人忘记旧恨宿怨，那是自欺。所以说，公爵在这次的教皇选举中犯了错，这个错误导致他最后一败涂地。

---

[1] 铁链加身的圣彼得：为拉丁语"San Pietro ad Vincula"的直译。马基雅维利以此称呼罗韦瑞的尤利安努斯诺，他曾任伯多禄锁链堂主教，后来成为教皇尤里乌斯二世。《新约·使徒行传》第十二章一至十节记载使徒彼得（天主教习惯依拉丁语念法译作"伯多禄"）受到希律王迫害，被天使救走后，铁链供奉在罗马的圣伯多禄锁链堂。

[2] 科隆纳：乔万尼·科隆纳，死于1508年。圣乔治，即拉斐尔·瑞阿里奥，死于1521年，是圣乔治枢机主教。阿斯卡尼欧，法兰切斯科·斯福尔扎的儿子。

第八章
凭邪恶的手段成为君主

平民成为君主,还有两个可行的方法,既不能完全归因于机运,也不尽然是由于个人的才能,我相信值得一提,虽然其中一个方法会留待讨论共和国时再详加探讨。这两个方法,一个是使用邪恶奸诈的手段登上君主之位,另一个是在自己的母城得到同胞的拥戴而成为君主。讨论第一个方法,我会举两个例子说明,古代和现代各一个,这对于有心要效法的人也就够了,没必要深究方法本身的优点。

西西里的阿加托克利斯,不只是平民出身,而且身世卑微,家境赤贫,却成为叙拉古的国王[1]。他这个人是制陶工人的儿子,作恶多端,可是他的邪恶搭配体力和毅力,竟使得他的军旅生涯平步青云,成为叙拉古的行政长官。一攀上那

---

1 阿加托克利斯,生于公元前361年,卒于公元前289年。

样的高位，他决心成为君主，而且打算依靠暴力达到目标，根本不考虑自己肩负多少大家的信任。于是，他和当时正率领部队在西西里作战的迦太基人哈米尔卡互通款曲。一天早上，他以共商国是为名，召集公民大会和元老院议员出席会议，暗号一出，伏兵杀死现场所有的议员和最富裕的公民。有头有脸的人都死了，他在全体公民没有人反对的情况下掌握叙拉古这个城市的统治权。事后虽然两度被迦太基人击败，最后还被围困在城里，但他不只是有能力捍卫这个城市，而且还有办法留下一部分部队应付围城战，其余的部队用于进攻非洲，在很短的时间内解除叙拉古的危机，还逼得迦太基窘态毕露，不得不跟他谈和，自愿退守非洲，把西西里整个留给他。

详加检讨阿加托克利斯这个人的生平与作为，任谁都看得出可以归结于运气的成分微乎其微，甚至完全没有。就像前面说过的，他不依赖别人的助力，而是经历无数的艰辛和危险，在军中一步一步往上爬，最后才登上统治王国的高位，又一再果敢冒险才保住既有的地位。就算是这样，杀害同胞、出卖朋友、缺乏诚信、不懂得慈悲怜悯、缺乏宗教信仰，生而为人走到这样的地步根本谈不上智谋[1]。采取这样的手段可

---

[1] 对于坚持使用道德观点诠释马基雅维利的读者而言，本章这个句子

以得到权力，却没有荣耀可言。如果只考虑出生入死的能耐和克服逆境奋斗不懈的志气，阿加托克利斯不愧为最杰出的指挥官。然而他蛮横残忍又无情无义，再加上恶行重大罄竹难书，我们没有理由推崇他是人中豪杰。所以说，我们不能把他的成功归因于运气或才能，因为他既没有运气可以掌握，也没有才能可以发挥。

在我们自己的时代，教皇亚历山大六世主政期间，费尔摩的奥利佛罗托幼年丧父，由舅舅乔万尼·佛利安尼抚养长大，年纪轻轻就被送到保罗·维帖利的军队见习，接受过严格的训练之后，可望在军中出人头地。保罗去世后，他转而投效保罗的弟弟维帖洛佐。由于才智过人、手脚利落又心思敏捷，他在短时间内就成为部队的指挥官。可是他不甘屈居人下，心想为人作嫁无异于奴才，于是决定夺取费尔摩。他借助于费尔摩公民中宁可受人奴役而不以自由为重的那些人，同时也得到维帖洛佐的支持。于是，他写信给他舅舅乔万尼·佛利安尼，说自己离家多年，很想回去探望他和他的城市，顺便看看自己继承的家产，又说自己在外奋斗只是为

以下的段落值得细心推敲。马基雅维利心目中的"德性"（见第42页注1）包含手腕、能力、智谋等含义，显然跟赤裸裸的权力有明确的区隔，只有少数的特定目的才有正当的理由采取激进的手段。

了荣誉，希望衣锦荣归，能获准率领由朋友和仆役组成的百人骑兵卫队返乡，好让同胞知道他离乡背井并没有虚度光阴，因此他恳求他的舅舅安排费尔摩民众举行盛大的欢迎式，这不只是舅舅一个人的荣耀，他身为被抚养人也有荣与焉。

乔万尼没有使他的外甥失望。他指使费尔摩民众摆出盛大的迎接排场，还空出自家的房间接待来客。几天过后，奥利佛罗托私下为自己精心策划的阴谋诡计做好了准备，邀请乔万尼·佛利安尼和费尔摩城内全体政要参加盛宴。酒足饭饱，宴会惯有的余兴节目也结束后，奥利佛罗托依照原先的计划，开始谈论正经的话题，提到教皇亚历山大六世和他儿子切萨雷的丰功伟业。乔万尼和其他来宾纷纷响应他的看法时，奥利佛罗托突然站起来，说这话题只适合在比较隐秘的场合，于是先行退到另一个房间，乔万尼和其他公民紧随其后。他们一就座，埋伏的杀手立刻蜂拥而上，把以乔万尼为首的客人统统杀死。

屠杀过后，奥利佛罗托纵身上马，在城里耀武扬威，同时包围宫廷，军政要员一个个成为瓮中之鳖。他们惊魂未定，不得不遵从他的指示，重组政府，以他为君主。心怀不满而可能对他不利的人全遭杀害以后，他推行一系列新的民政和军政措施以巩固自己的地位。在掌握君权的一年期间，他不只是稳稳控制费尔摩这个城市,而且威震邻邦。要不是他上了切萨雷·博尔贾的当,想要推翻他谈何容易,困难的程度不下于推翻阿加托克利斯。可是在西尼加利亚,正如前面提过的,瓦伦蒂诺公爵对奥希尼和维帖利家族耍了一招瓮中捉鳖,他也被捕。他在杀死亲舅舅一年之后被送上绞刑台,同时被处死的人还包括教他勇武也教他作恶的维帖洛佐。

或许有人会问,阿加托克利斯和像他那样的人,做了那么多无情无义又丧尽天良的事以后,怎么还能安安稳稳待在自己统治的城市活那么久,甚至成功抵御外来的敌人,城里居然没有人谋反?另外还有许多人,同样使用残忍的手段,却在和平时期也无法掌控自己的政权,在时局动荡的战争期间就更别提了。我相信关键在于是否妥善运用残酷的手段。如果邪恶的事也可以说是妥善的话,那么妥善运用残酷的手段是指为了确保自己的安全,形势所逼而干净利落地采用暴力,可是下不为例,而且事后竭尽所能寻求臣民最大的利益。滥用残酷的手段则是指起先很少使用暴力,但随着时间的推移,暴力不但没有减少,反而变本加厉。遵照前一种方式的人能够得到天助人助,因此像阿加托克利斯那样有弥补之道;实行后一种方式的人不可能苟全性命。

所以说,值得注意的是,征服一个国家应该事先衡量哪些暴行非做不可，而且应该毕其功于一役，以免重复暴行。不重复暴行才能使民众有安全感，也才能施惠给他们而争取到民心。如果反其道而行，不论是出于懦弱还是受人唆使，只好永远刀剑不离手。这一来，他无法信赖自己的臣民，他们也因为他不断造成新的侵害事件而失去安全感。因此，侵害事件应该以一次为限，因为民众越少品尝痛苦的滋味，反感自然越少。相反地，施惠则应该细水长流，好让民众彻底品味。

尤其重要的是，与臣民共处应该使他们感觉到你身为君主一以贯之的作风。任何突发事故，不论好坏，都改变不了你对他们的行为。因为一旦为形势所逼，不得不采取行动时，你身处逆境根本来不及采取严厉的措施，温和的措施也不会带给你好处，因为大家会认为你心不甘情不愿，所以不会感谢你。

第九章
公民君主国

现在说到第二种情况，也就是一个平民成为母城的君主，不是通过邪恶或其他任何难以忍受的暴力，而是由于同胞的爱戴。这样的政体可以成为公民君主国，其政权的取得既不完全仰赖才能，也不完全仰赖运气，而是带有幸运成分的精明。这样的君权要不是由于人民的拥戴，就是由于贵族的拥戴。我这么说是因为每一个城邦都有两种不同的民情，一方面是人民不希望被贵族统治或压迫，另一方面是贵族想要统治或压迫民众。这两种对立的倾向产生三种不同的结果：要不是君主国，就是自由的政体，再不然就是无政府状态。

君主国的诞生不是源自人民，就是源自贵族，看这双方何者掌握机会而定。贵族发觉自己无法对抗民众时，开始联合起来抬举贵族当中的一个人，使他成为君主，以便在他的保护之下满足自己的欲望。民众也一样，发觉自己无法对抗贵族时，联合起来支持平民当中的一个人，使他成为君主，以便接受他的威权保护。比起由于民众的支持而成为君主的人，得到贵族的援助而获得君权的人较难维持既有的地位，因为君主身边多的是自认为和他平起平坐的人，这使得他无法依照自己的心愿统治或管理他们。受民众支持而拥有君权则发觉自己高处不胜寒，身边几乎每个人都唯他马首是瞻。

进一步来说，要在不伤害别人的情况下公平满足贵族的要求，那是不可能的事，要满足民众的要求却办得到，因为他们的目标比贵族的合乎正义：贵族要的是压迫平民，平民要的却只是不受贵族压迫。此外，君主一旦与人民为敌，他自己的安全就不可能有保障，因为他们人数更多；与贵族敌对不会有安全上的顾虑，因为他们人数少。面对有敌意的人民，君主所能预期最糟糕的情况是被他们抛弃；可是面对有敌意的贵族，他不只得担心被抛弃，还得担心他们联合起来反对他，因为他们的观察比较敏锐，判断也比较精准，总是能够争取到时间为自己安排后路，总是能够从他们认为会占上风的一方得到支持。更何况君主必须永远和同一批人民在一起，没有相同的一批贵族却无所谓，因为他有权力随时加封新贵族或罢黜旧贵族，可以随心所欲赏赐或撤销他们的威信。

要进一步说明这个论点，我们应该从两方面斟酌贵族的立场：也就是说，看他们的所作所为是不是完全配合你的主张。配合你的主张又不会贪得无厌的贵族值得尊重和关爱，不配合你的主张的贵族又可以从两方面来分析。有人不配合你的主张是因为害怕，天生胆小，这种人你应该善加利用，尤其是长于智谋的那些人，因为身处顺境时，他们会尊重你，身处逆境时，你不需要怕他们。但是，也有人不配合你的主张是因为狡猾又野心勃勃，这表示他们只为自己打算，没有为你着想。这样的人，君主应该多加提防，把他们当作公开的敌人避之唯恐不及，因为他们在你身处逆境时总是落井下石。

如果是由于民众的支持而成为君主，那一定要跟他们维持友好的关系。这件事容易，因为他们对君主仅有的要求是不要欺压他们。但是，违背民众的意愿却由于贵族的帮助而成为君主的人，首要之务在于争取民众的支持。这也容易，只要他愿意保护民众，因为民众原本以为君主会欺压他们，如今不但没有欺压反而善待他们，自然格外感激，倾心拥戴的程度甚至会超过受到民众支持而成为君主的人。君主可以有种种方法赢得民心，因情况不同而各有不同，并没有一体通用的规则，所以我略过不谈。但是我断言，君主一定要和民众维持友好的关系,否则面临逆境时会孤立无援。

斯巴达的君主纳比斯单独对抗整个希腊和战绩最辉煌的一支罗马部队的攻击[1],成功捍卫他的城市,也因此保住自己的统治权。大难临头时,他只需要防范臣民当中的少数人就够了;假如民众对他有敌意,这样做绝对不够。有句老生常谈是这么说的:"以人民为基础是在泥巴上盖房屋。"应该不至于有人引这句话来反驳我的立论,因为这句谚语说的是以民众为靠山的君主,一厢情愿地认为自己受到敌人或官员欺压时,民众会挺身相救。在这种情况,他往往会发现自己被骗,就像罗马的格拉古兄弟[2],或佛罗伦萨的乔治·司卡利先生[3]。但如果君主像前面说的那样以民众为立国的根基,那么他就能够有效发号施令继之以贯彻命令,不至于面临逆境就不知所措,凡事会有周全的准备,并且以身作则,凭自己的

---

1 纳比斯:公元前2世纪斯巴达的专制君主,在公元前195年第二次马其顿战争期间受到罗马和大部分希腊城邦的围攻。

2 格拉古兄弟:罗马深孚众望的护民官提比略·格拉古(卒于公元前133年)和盖约·格拉古(卒于公元前121年)两兄弟,积极主张改革,为低阶层民众争取权益不遗余力,结果赔上性命。

3 乔治·司卡利:富有的佛罗伦萨人,在1378年的"梳毛工起义"之后成为平民派的领袖,1382年因率众攻击官署而被斩首。

勇气和毅力激励民众的士气。这样的君主将会发现他的政权建立在坚实的基础上。

这种类型的王国会遭遇危险，通常是因为打算改变政体，想要从正统的公民社会转为绝对的君主专制。那样的君主可能事必躬亲，不然就是通过官吏统治。在后一种情况，政权更脆弱，君主的处境更危险，因为他们完全仰赖被任命为官吏的那些公民的心意。那些人在危难的时候轻易能够借由谋反或抗命篡夺权位，而君主本身已经焦头烂额，根本无法施展绝对的权力——因为臣民已经习惯听命于官吏，在紧急时刻不会服从他的命令，所以在动荡的时刻总是不容易找到可以信赖的人。这样的君主千万不要被承平时期的景象给迷惑。在承平时期，公民需要他的统治，因为每一个人都顺顺利利地过日子，在死亡还连个影子都看不到的时候，自然信誓旦旦地表示愿意为他牺牲。到了时局动荡的时候，政府需要人民赴汤蹈火，可就连个人影都不容易找了。这样的考验可一而不可再，因此格外危险。所以说，明白事理的君主应该设法让他的人民觉得随时随地都需要他领导的政权，这样一来他们就会永远效忠于他。

第十章
如何衡量国力

分析这些君主国的特性，还必须考虑的一点是，君主在危急之秋是有足够的力量解决自己的问题，还是总需要别人的保护。说明白一点，不论靠人力或财力，只要有能力募集一支实力坚强的军队投入战场，漂漂亮亮地抵抗入侵的势力，这样的君主就有能力维持独立自强。如果没有能力在战场上跟敌人一决高下，只好躲在城里仰赖城墙的庇护，这样的君主就只能仰赖别人的保护。前一种情况已经讨论过了[1]，稍后会作必要的补充[2]。至于第二种情况，除了鼓励君主强化城墙的防御工事和准备充分的补给，不要理会城墙外面的领土，再也没什么好多说的。只要固守城市，依照前面说过的和稍

---

1 见第六章。

2 见第十二章和第十三章。

后还会讨论的方法[1]好好处理他和臣民的关系，就不会有外敌贸然入侵，因为世人对于显然困难重重的事向来退避三舍。没有人会认为攻打拥有金城汤池又不受人民怨恨的君主是件容易的事。

日耳曼的城邦享有绝对的自由，外围的领土面积不大，随自己的意愿决定要不要服从皇帝，对皇帝和邻邦的势力同样不怕，因为他们坚固的防御工事使人相信要攻占他们的城市将会是旷日持久而且困难无比。他们有适当的壕沟和城墙，有足够多的大炮，有公共的仓库储存足够一年所需的饮水、粮食和燃料。此外，为了在不耗损公共资源的情况下养活低阶层民众，他们总是保留一年所需的原料供应量，使那些人能够在关系城邦命脉和帮助人民养家糊口的行业工作。他们还非常重视军事训练，制定许多相关的法规。

所以说，君主只要拥有设防良好的城市，又没有招惹民众的怨恨，大可不用担心受到攻击；就算受到攻击，敌人也会狼狈退兵，因为世事无常，花一年的时间扎营围城而没有落得师老兵疲的下场，那简直是不可能的事。如果有人提出异议，说城外有产业的人看到自己的产业遭受战火的摧残，

---

[1] 见第九章和第十九章。

他们将失去耐心，长期围城损及私人利益将会导致他们背弃君主。我的答复是，坚强又勇敢的君主总能克服这一类困难，有时候以希望鼓舞臣民的士气，有时候以灵活的手法应付敢于表达不满的异议分子，来保障自己的安全。

此外，敌人逼近城市当然会蹂躏甚至烧毁城市周遭的乡村。这时候，居民仍然斗志高昂，一心要保卫城邦，君主更没必要担心。几天之后，他们的斗志开始消沉，损害已经造成，想要补救也没得补救。到了那样的地步，人民更会团结在君主的四周，因为他们觉得自己为了保卫君主而导致家园被烧毁、财物被劫掠，君主对他们负有道义上的责任。

施惠和受惠的双方同样受到情义的约束，这是人性常情。因此，像这样面面俱到地斟酌之后，审慎的君主在遭遇围城攻势的时候，只要存粮充足又抗敌有方，不难从头到尾始终维系人民高昂的斗志。

第十一章
教会君主国

各种形态的君主国当中,现在只剩教会君主国有待讨论[1]。这类王国遭遇的困难都是发生在取得政权之前,政权的取得则不外凭借能力或机运,政权的维系却不需要能力和机运,而是仰赖源远流长的制度与信仰。这些传统势力庞大,竟至于君主不论行为与生活如何都照样大权在握。只有教会君主国的君主拥有政权却不需要保卫政权,拥有臣民却不需要统治臣民;政权不需要保卫也从来不会被篡夺,臣民不介意没有人治理,也不会想要疏远君主。因此,教会君主国是唯一安稳又幸福的君主国。由于教会君主国是上帝所选拔又加以维系的,其保障来自人类心智难以企及的比较崇高的理

---

[1] "教会君主"即罗马天主教的教宗,俗称"教皇",是因为其权力可类比于世俗政体的皇帝。"教会君主国"又称教会辖地,为罗马教皇在756—1870年间拥有主权的意大利中部领土。

想，我就略而不论，以免妄自尊大而自曝其蠢。

然而，或许有人会问：为什么教会在世俗的事务上获得这么大的权力？一直到亚历山大[1]为止，在意大利掌握权势的人，上至君主，下至无足轻重的贵族和领主，无不认为教会的世俗力量微不足道。可如今，连法兰西国王面对教会的权力都会颤抖，法国的势力被它赶出意大利，威尼斯人对它俯首称臣。这样的情势或许众所周知，对来龙去脉做个回顾应该不至于无的放矢。

法王查理入侵意大利以前，这个国家是由教皇、威尼斯人、那不勒斯国王、米兰公爵和佛罗伦萨人割据统治的。这些统治者最关心的有两件事：一是不许外国势力凭武力进入意大利；二是这五个政权彼此防范领土的拓展。特别要防范的是教皇和威尼斯人。为了制止威尼斯的扩张，其余的政权有必要组成同盟，保卫费拉拉即是一例。为了牵制教皇的势力，他们利用罗马贵族：罗马贵族分裂成奥希尼和科隆纳两派，势同水火，随时都找得出理由发生冲突，简直是在教皇的眼前耀武扬威，有效削弱了教皇的势力。虽然偶尔有像西克斯图斯[2]这么

---

[1] 指教皇亚历山大六世。

[2] 指西克斯图斯四世，1471—1484年任教皇。

勇猛的教皇，可是机会和智慧都无法解除他的心头之患。原因在于教皇的任期短暂。教皇的平均任期只有十年，这么短的时间要消灭任何一个派别都相当困难。举例来说，假定有个教皇把科隆纳派系消灭得差不多了，新上任的教皇却敌视奥希尼派系，科隆纳一派就会恢复元气，可是他也没有足够的时间消灭奥希尼一派。这就是为什么教皇的世俗权力在意大利无法发挥一言九鼎的效果。

亚历山大六世掌权之后，充分展现利用金钱和武力所能获致的成果，历任教皇没有人比得上。他以瓦伦蒂诺公爵为工具，抓住法军入侵的机会，完成了我在前面讨论公爵时所描述的种种事迹。虽然他的初衷是壮大公爵而不是壮大教会的势力，可是他的所作所为确实使得教会的势力大增，竟至于在他去世而且公爵被消灭以后，教会得以继承他的功业。

不久后，尤里乌斯教皇[1]即位。他发现，教会势力强大，拥有整个罗马涅，消灭了罗马的贵族，派系之争也在亚历山大的打击下被压制了。他还发现亚历山大和他以前的教皇不曾有人使用过的累积财富之道。尤里乌斯不只是延续亚历山大的措施，甚至百尺竿头更进一步，决心要占领博洛尼亚，

---

1 尤里乌斯二世，1503—1513年任教皇。

还要消灭威尼斯人的势力,并且把法国势力逐出意大利。这些目标,他一一完成。更值得称道的是,他做这些事全都是为了增强教会的力量,而不是为了个人私利。他还设法使奥希尼和科隆纳两大派系保持在他即位之初的状态。虽然有些派系领袖想要改变现状,但有两件事使他们力不从心:一是教会的力量使他们不敢轻举妄动;二是这两个家族都没有人出任枢机主教。枢机主教的职位是这两大家族冲突的根源,他们当中只要有人担任枢机主教就永无宁日。因为枢机主教会在罗马城内城外扶植党羽,贵族不得不出面保护他们,这一来高阶层神职人员的野心就会引起贵族之间的倾轧。

教皇利奥陛下[1]既已明白教皇一职掌握的权力非常可观,那么衷心寄望他在前任教皇仰赖武力所奠定的基础上,凭借善良以及其他无数的美德把教皇的职权发扬光大,以博得世人更高的崇敬。

---

1 乔万尼·迪·罗伦佐·德·美第奇(1475—1521)大主教于 1513 年继任尤里乌斯二世的教皇遗缺,是为利奥十世。他是文艺复兴时期最挥霍无度的教皇之一,也由于他没有认真回应马丁·路德对于贩售赎罪券的质疑和采取的行动而导致教会分裂。利奥十世即是马基雅维利呈献《君主论》的对象。

第十二章
军队的类型和佣兵

既已如我一开始就拟定的提纲,详细讨论种种君主国所有的特色,也多少斟酌过成功或失败的原因,并且说明获取和维持政权的方法,那么现在要概略分析前面提到的那些君主国可以实行的政守之道。

我们说过,君主要为他的权力奠定坚实的基础,否则必然招致灭亡。所有的政权,不论新建立的、世袭的或是混合型[1],主要的基础在于完备的法律和精良的军队。没有精良的军队就不会有完备的法律,有良好的军队则必定有完备的法律,因此我先把法律的问题撇下,只讨论军队的问题。

所以我说,君主用来保卫政权的军队,其成员要不是自己的人民,就是佣兵,或是外籍援军,不然就是混合型的部队。雇佣军和外籍援军有害无益。君主如果仰赖雇佣军维系

---

[1] 混合型是指兼并的君主国(见第三章)。

政权，他的地位不会安稳，他个人也不安全。因为雇佣军是一盘散沙，居心叵测，军纪散漫，谈不上忠诚，在朋友面前耀武扬威，看到敌人缩头缩脑，而且对上帝不敬、对朋友无信。那样的政权没有灭亡只是因为敌人延迟攻势，在平时任由自己的雇佣军予取予求，在战时则任由敌人予取予求。究其原因，佣兵投入战场只是为了微薄的军饷，既没有别的爱心也没有别的动机，而那一份军饷又不足以吸引他们为你牺牲。没有战争的时候，他们乐意当你的士兵；战争爆发以后，他们不是抱头鼠窜就是溜之大吉。要证明这一点并不难，因为意大利目前土崩瓦解，唯一的原因就是长期依赖雇佣军。那样的武力偶尔会帮助某些君主进展顺利，对抗别的雇佣军也会有英勇的表现，可是一旦外敌入侵，他们就原形毕露。就是因为这样，法兰西国王查理才能够靠一支粉笔占领意大利[1]。有人说，这些祸殃是我们自己的罪造成的[2]。这句话有道

---

1 "查理"指查理八世（1483—1498年在位），因觊觎那不勒斯而于1494年入侵意大利，揭开长达65年的法意战争的序幕。一支粉笔，在战争初起的头两年，查理八世习惯用粉笔划定部队驻扎的地点。马基雅维利的讥讽笔调显示他认定意大利形同不设防，他的措词引自法国历史学家菲利普·德·科明尼斯（《回忆录》第七章第十四节）笔下的教皇亚历山大六世之口。

2 萨沃纳罗拉修士在1494年11月1日的布道词里把查理八世入侵意

理，可是"罪"绝不是说这话的人心里想的那些罪行，而是我所描述的这种种现象。君主自己犯罪，因此君主自己遭受责罚。

我想进一步说明那些军队如何不可靠。雇佣军的部队长有的能力过人，有的无能。如果是能力过人，你不能信任，因为他们一心一意想的是自己官运亨通，要不是对身为主人的你施压，就是违反你的意愿对别人施压。雇佣军的部队长如果无能，那你是自掘坟墓。

也许有人会说，不论是不是雇佣军，手上有武器的人都会带来威胁。我的答复如下：军队一定要由君主或共和国指挥。如果是由君主指挥，君主一定要亲自带兵，亲自执行指挥官的职责。如果是由共和国指挥，共和国一定要指派自己的公民。共和国指派的人选如果不能胜任指挥官的职责，一定要撤换；如果能够胜任，应该以法律约束授权的范围。以往的经验表明，君主和共和国指挥自己的军队展开军事行动每每能在战场上大有斩获，雇佣军则是有弊无利；在另一方面，和仰赖外国军队的城邦比起来，维持军备[1]的共和国不

大利解释为意大利、佛罗伦萨和教会因犯罪受到责罚。

1 维持军备：拥有自己的公民组成的军队。

容易出现一人专制的局面。罗马和斯巴达维持军备又拥有自由达许多世纪之久。瑞士武装最彻底，因此享受到全面的自由。

古代的雇佣军，可以举迦太基人为例，虽然军官都是由迦太基公民担任，但他们在第一次跟罗马交战之后就受到自己的佣兵胁迫。底比斯人在埃帕米侬达斯[1]去世后，任命马其顿的腓力[2]为指挥官，获得胜利之后，腓力剥夺了底比斯的自由。米兰人在腓力公爵去世之后，雇用法兰切斯科·斯福尔扎与威尼斯人对抗，在卡拉瓦佐打败敌人之后，斯福尔扎却和威尼斯人联手征服自己的雇主米兰人。法兰切斯科·斯福尔扎的父亲受雇于那不勒斯女王乔万娜[3]，担任统帅，却不告而别，害女王国防空虚，为了挽救自己的王国而不得不委身于阿拉贡国王。如果有人反驳，说威尼斯人和佛罗伦萨人靠雇佣军拓展领土，他们的指挥官不但没有自己成为君主，

---

[1] 埃帕米侬达斯：底比斯的将领（卒于公元前362年），在公元前371年的留克特拉战役中背叛斯巴达。

[2] 马其顿的腓力：马其顿国王腓力（前359—前336），即亚历山大大帝的父亲，严格说来并不是佣兵。

[3] 乔万娜女王于1414—1435年间统治那不勒斯，国防完全仰赖斯福尔扎统率的雇佣军。

反而忠实地捍卫雇主。我的答复是，佛罗伦萨人在这件事上受到运气的眷顾，因为能力优秀而使他们有理由感到忧惧的部队长当中，有的人没打过胜仗，有的人棋逢对手，还有的人野心在别的地方。没有打过胜仗的是乔万尼·阿库托[1]，既然不曾获胜，是否忠诚就无从谈起。可是大家都心知肚明，他如果获胜，佛罗伦萨只好任他宰割。斯福尔扎和勃拉丘部队[2]一向是死对头，互相牵制因此抵消彼此的实力。法兰切斯科的野心在伦巴第，勃拉丘则把矛头指向教会和那不勒斯王国。

现在来看看新近发生的事。佛罗伦萨人任命保罗·维帖利为部队长，他非常能干，出身平民却博得盛誉。如果他占领比萨，没有人会否认佛罗伦萨人只好认了，还是得跟他维持友谊，因为万一他被他们的敌人雇用，他们将会门户洞开；可是如果继续重用他，他们只好任他予取予求。至于威尼斯人，检视他们的所作所为可以发现，只要是以自己的部

---

[1] 乔万尼·阿库托：本名为约翰·霍克伍德的英国爵士，1361年率领一支佣兵部队抵达意大利，投效佛罗伦萨，至1393年去世为止。

[2] 勃拉丘部队：勃拉丘·达·蒙托内（1368—1412）指挥的佣兵部队，和法兰切斯科·斯福尔扎指挥的佣兵部队同样投效那不勒斯女王乔万娜，却彼此作对。

队在海上作战,他们就表现得稳扎稳打,战绩辉煌,贵族和武装的平民同样英勇善战。转向陆地征战以后,战场转移到陆地上,他们放弃了这个无往不利的策略[1],改为追随意大利常见的战法[2]。他们在陆地扩张之初,由于地盘有限,加上威名显赫,对于雇佣军的指挥官少有顾忌。然而,在卡米尼约拉[3]领军之下,威尼斯人不断扩展地盘,终于尝到这个错误的苦头。他们知道卡米尼约拉的才干,因为他们在他的指挥下击败了米兰公爵,可是他们也知道他的斗志不再那么高昂,不再能够帮他们征战,可是又不能把他解雇,唯恐失去既有的战果。于是,为了保障自己的安全,防范他图谋不轨,只好把他处死。接着,他们先后雇用巴托洛梅欧、儒贝托、皮提利安诺伯爵之辈[4]担任指挥官,现在担心的不是占领新的领

---

1 无往不利的策略:贵族率领自己的武装平民。

2 意大利常见的战法:仰赖雇佣军。

3 卡米尼约拉(约1390—1432),通称为卡米尼约拉伯爵,先投效米兰公爵威斯康提,战功彪炳,自觉受委屈,转而投效威尼斯,却被怀疑和威斯康提暗通款曲而被处死。

4 巴托洛梅欧(1400—1475)受雇于威尼斯人,以骑马英姿的雕像矗立在威尼斯而广为人知。儒贝托在1482—1484年对费拉拉的战争中指挥威尼斯部队。皮提利安诺伯爵即尼科洛·奥西尼(1442—1510),威尼斯指挥官,在1509年对抗教皇尤里乌斯二世的维拉战役中惨败。

土，而是担心丧失既有的领土，就像后来在维拉的遭遇——一天的时间丧失八百年来千辛万苦挣得的土地。由此可见，倚赖雇佣军纵使有收获也嫌迟缓，断送成果却有如迅雷疾风。

我举的这些例子是以意大利为主，因为意大利遭受雇佣兵的宰制为时已久。为便于谋求补救，有必要了解雇佣军制度的起源和发展，所以我希望更深入讨论。你一定知道，帝国的权力最近被逐出意大利[1]，教皇获得更大的世俗权力，意大利分崩离析，众国林立。许多大城市揭竿而起，反对他们的贵族。那些贵族原本在皇帝的扶持下占领那些城市，教会借机支持城市的反抗活动，以扩大自己的世俗权力。有许多城市在这样的情况下公民成为君主。于是，意大利沦为教会和若干共和国割据的局面，对军事一窍不通的教士和公民开始花钱招募外国人代为作战。

第一个靠这样的部队打开知名度的是阿尔贝瑞果·达·科尼欧[2]，土生土长的罗马涅人。勃拉丘和斯福尔扎就是他调

---

1 最近，应该是指 15 世纪。马基雅维利的原文含糊其词，"帝国"应该是指势力深入意大利的最后一个帝国波西米亚的查理四世，他于 1355 年在罗马加冕为皇帝。

2 阿尔贝瑞果·达·科尼欧（卒于 1409 年）创立了一家远近驰名的佣兵公司，不过他的佣兵都是意大利人。

教出来的，这两个人都有能耐在意大利呼风唤雨。从那以后到现在，意大利的军队都是他们那一票人在指挥。他们的才能导致意大利被查理侵略，被路易劫掠，被斐迪南蹂躏，受瑞士欺压。[1] 这是他们一贯的做法：借贬低步兵的信用以抬高自己部队的声誉。他们这样做是因为身为职业佣兵没有自己的领土，没有经济资源可以雇用庞大的步兵，步兵人数太少却又战斗力不足，因此完全仰赖骑兵。他们养得起中等规模的骑兵部队，这等规模的骑兵部队也能够带给他们荣誉。于是出现这样的局面：两万人的部队，步兵不到两千人。此外，他们还想方设法使自己的士兵不至于太劳累，不要有危险，战斗中不要杀来杀去，不要求赎金就释放俘虏，围城或守城同样避免采用夜袭战术，营区四周不立栅栏也不挖壕沟，入冬就不打仗。他们的战争规则容许这些匪夷所思的惯例，目的无非是我在前面说过的避免劳累和危险。他们就这样把意大利带到受人奴役和受人唾弃的地步。

---

[1] "查理"和"路易"分别指法王查理八世和路易十二。"斐迪南"指阿拉贡的斐迪南二世。

第十三章
外籍援军、混合军与国民军

另一种有弊无利的军队是外籍援军，也就是请求强大的盟友派遣前来协助或防卫的部队，就像不久前尤里乌斯[1]教皇所做的事。他在费拉拉战役中看到自己的雇佣军惨败的情景，想到外籍援军，因此和西班牙国王斐迪南达成协议，得到他的军事援助。这种部队本身可能是精锐劲旅，有其用武之地，可是对于被援助的一方来说，几乎总是造成引狼入室的结果。因为如果外籍援军打败仗，完蛋的是你，如果打胜仗，你只好任凭外籍援军予取予求。

这种事例虽然在古代的史书中不胜枚举，可我不想忽略教皇尤里乌斯二世新近的遭遇，因为他的决策轻率过头了。为了取得费拉拉，他竟然毫无保留地向外国人投怀送抱。可

1　1510年时，教皇为尤里乌斯二世。

是他运气好，造成第三种结果，不至于自食恶果：他的外籍援军在拉韦纳大败，没想到瑞士的部队奋勇反击，赶走获胜的敌人，使大家看得目瞪口呆。尤里乌斯本人不至于成为敌人的阶下囚，因为征服者落荒而逃；也不至于任凭外籍援军予取予求，因为他们打了败仗。

佛罗伦萨没有自己的军队，却想占领比萨，因此雇用一支法国军队，总共有一千人。这个决策为害之大超过他们历来所有的困境。君士坦丁堡的皇帝[1]为了抗衡邻邦，把多达一万人的土耳其部队引进希腊，战争结束后，他们却拒绝离境，这是希腊臣服于异教徒的开端。

所以说，不想追求胜利的人尽管放心邀请外籍援军。外籍援军的危害比雇佣军大得多。仰赖外籍援军的结果是稳输不赢，因为他们有组织又有军纪。反观雇佣军，就算他们打胜仗之后想加害于你，总需要更多的时间和更好的时机，因为他们没有军纪，只看钱办事，而且他们的薪资是你支付的。领导人也是由你任命的第三方，不可能在短时间内取得足够的影响力危害你。

因此，明智的君主绝对应该避免外籍援军，应该完全依

---

[1] 东罗马帝国（西方惯称拜占庭）皇帝约翰六世（1292—1383）。

靠自己的军队；宁可自己的军队打败仗，千万不要妄想靠外籍援军赢得胜利，毕竟靠别人获得的胜利不是真的胜利。为了说明这一点，我毫不犹豫，要举切萨雷·博尔贾为例。这位公爵率领一支外籍援军进入罗马涅，成员清一色是法国人，靠他们占领了伊莫拉和弗利。可是想到这支部队不可靠，他求助于雇佣军，认为比较没有危险，于是雇用奥希尼和维帖利。后来他发觉这两个人不可靠，甚至有异心，于是把雇佣军解散以杜绝后患，从此以后完全依靠自己的军队。从仰赖法国部队到雇用奥希尼与维帖利，又到最后只用自己的人，公爵的声誉在不同时期各不相同。比较其中的差异不难看出，他的声誉稳定上扬，最后每个人都看到，他统率自己的军队时，最受敬重。

我想多举一些意大利最近的实例，可是我又不愿意遗漏我在前面提过的叙拉古君主希罗。这个人，就像我说的，是叙拉古人推选出来当他们的军队指挥官的，他很快了解到佣兵部队根本没用，因为那些人就像意大利雇佣军的队长。在他看来，保留他们和解散他们同样危险，一不做二不休，干脆把他们全部处死，从此只用自己的部队打仗，外国人统统不用。

我想到《旧约》也有实例适用于这个论点。大卫向扫罗自告奋勇，要去对抗非利士人歌利亚。扫罗为了鼓励大卫，把自己的盔甲借给他。大卫穿上去，又脱下来，说穿上别人的盔甲无法发挥自己的实力，他希望用自己的弹弓和刀子去迎战敌人[1]。

总之，别人的军队要不是拖累你的行动，就是增加你的负担，再不然就是使你动弹不得。法王路易十一的父亲查理七世运气好又有才干，解放法国、脱离英国的掌握，他深刻体认到一定要用自己的军队武装，因此在国内创设骑兵和步兵的法令规章[2]。他的儿子路易王后来废除国内的步兵，开始雇用瑞士的士兵[3]。他做出错误的决定，别人跟着犯错，结果就是我们现在看到的，那个王国岌岌可危[4]。这么一来，他抬举瑞士的同时，也贬抑自己的军队，因为他把自己的步兵整个裁撤，骑兵又得仰赖外国部队。他的骑兵已经习惯跟瑞士步兵协调作战，一旦没有瑞士步兵，他的骑兵也就丧失获胜的信心。于是，法国再也无法抗衡瑞士，而且法国人少了瑞

1　见《旧约·撒母耳记上》第十七章三十一至四十节。

2　其实，历史显示查理七世（1422—1461年在位）是个懦弱而消极的君主，法国摆脱英国的宰制主要应归功于圣女贞德的英勇，至于法国的军事建制则是查理的幕僚促成的。

3　此举发生于1474年。

4　指法国在诺瓦拉打败仗，以及拉韦纳战役的余波。

士人也不敢跟别人打仗。

法国的军队就是我说的混合军，由佣兵和国民兵组成。像这样的混合军，胜过清一色的外籍援军或清一色的雇佣军，可是比起自己的国民组成的部队差多了。要举实例，前面提过的就够了，因为如果查理的政策能够实现并坚持下去，法兰西王国将会所向无敌。

不过人的智虑总是不够周延，政策推动之处看来不错，却看不出其中有隐忧，就像我在前面说过的肺病[1]。所以说，无法及时看出隐忧的君主谈不上明智，能洞烛先机的毕竟是少数。试着检视罗马帝国的倾覆，将会发觉败象是从雇用哥特人开始的[2]，因为那时候罗马帝国的武力开始衰微，他们丧失的勇武精神都转移到哥特人身上。

我的结论是，如果没有自己的军队，君主不可能安全，只好完全依赖运气，在逆境时根本没有效忠的力量可以保卫自己。明智的人总是秉持这样的信念："最不可靠又最不堪一击的莫过于没有实力做后盾而徒拥虚名或虚张声势。"[3]国

1　见第28页注2。

2　此举始于376年。

3　马基雅维利援引古罗马历史学家塔西陀《编年史》第十三卷第十九段。

民军是由自己的臣民或公民或属民组成的军队，这种部队才是自己能掌握的，其他的不外是雇佣军或外籍援军。要摸索出组织国民军的方法并不难，只要用心斟酌我在前面提过的四个人[1]使用的方法，同时细心研究亚历山大大帝的父亲腓力和许多共和国和君主国如何武装国民进而组织军队[2]。我相信他们在这方面是权威。

1　指切萨雷·博尔贾、希罗二世、查理七世和大卫。

2　例如马其顿的腓力二世率先使用方阵步兵队形。

第十四章
君主在军事方面的职责

君主应该专心致力于军事建制和组训，以免为了其他的目标而分神。因为只有战争的艺术是统帅非精通不可的专业，而且这一项专业功效可观，不只是足以保障继承大位的君主，更是平民攀登大位常走的快捷方式。反过来说，耽于安逸以至于忽视这项专业往往导致君主被逼下台。疏忽这项专业是亡国丧权的主因，掌权谋国则有赖于精通这项专业。

法兰切斯科·斯福尔扎出身平民，因为精通军事而跻身米兰公爵；他的子嗣逃避战斗的艰苦，从米兰公爵沦为平民。不整军经武会带来无穷的后患，使人家瞧不起你，这是君主应当提防的奇耻大辱，这一点我会在下文说明[1]。有武装的人和没有武装的人不能相提并论。不要指望有武装

---

1 见第十五章和第十九章。

的人会乐意服从手无寸铁的人，也不要指望手无寸铁的人身处有武装的仆人当中能够高枕无忧：一方心存猜疑而另一方心存鄙视，这两种人不可能合作无间。因此为人君者，除了已经提过的其他不幸，如果不懂军事，不可能赢得士兵的尊重，也不可能仰赖他们的忠诚。

可见军事应该是君主念兹在兹的要务，在承平时就应该用心钻研，不能等到战争爆发才临时抱佛脚。这方面有两个方法可以实行：一个是实地演练，另一个是心智锻炼。说到演练，除了不断地演习和训练，还要不时到野外打猎，让自己的部队习惯吃苦，同时也熟悉地形，观察山坡起伏之状、山谷开合之势和平原延展之态，认识河流和沼泽的性质，务必做到一丝不苟。这方面的知识有两大妙用：一是认识自己的国土，因此更了解如何保疆卫国；二是凭借这些地形地势方面的知识和经验可以举一反三，轻易理解自己非要亲自勘察才可能熟悉的地区。我这么说是因为，举例来说，山丘、谷地、平原、河流和沼泽等地理形势，在托斯卡纳和别个地区有共通之处，因此熟悉一个地区就方便应用在别个地区。身为君主如果欠缺这方面的经验，无异于欠缺指挥官最需要具备的条件，因为从这方面的经验可以学到如何在保持优势的情况下搜索敌人、选择营地、部署阵地、围困敌军。

阿凯亚的君主菲洛波门备受史家赞扬[1]，原因之一是他在承平时期照样孜孜矻矻研究兵法。和朋友在乡间，他时常停下来，问他们："假设敌人在那边的山丘，我们的军队在这里，哪一方占优势呢？我们怎么做才能逼近敌人而仍然维持完整的阵式？假设我们要撤退，该如何进行呢？如果敌人要撤退，我们可以怎么追击？"他还为他们设想军队可能遭遇的种种紧急状况，听取他们的意见，说出自己的看法，提出理由为自己辩护。通过这样不断地切磋琢磨，他带兵不会碰到不可预见的状况，所以也不会有无从弥补的事情发生。

至于锻炼心智，君主应该读史，从史书研究杰出人士的作为，观察他们在战争中的一举一动，研究他们获胜和败北的原因，以便模仿前者而避免后者。最重要的是，应该遵循历史上杰出人士的所作所为，那些人自己就是效法以前受到赞扬和推崇的榜样，把他们的英勇事迹和行动铭记在心。据说亚历山大大帝就是效法阿基利斯，恺撒则是效法亚历山大，

---

[1] 阿凯亚位于伯罗奔尼撒半岛北部。菲洛波门（前252—前182），阿凯亚联盟的领袖，是击败斯巴达的主力。后续的引文出自普鲁塔克《希腊罗马名人传》和李维《罗马史》第三十五章第二十八节。

西奇比奥[1]又是效法居鲁士。任谁读过色诺芬写的居鲁士的传记[2]都看得出,西奇比奥生平中有多少荣耀是效法居鲁士得来的,也看得出他的节操、亲切、仁慈、慷慨等美德多么吻合色诺芬笔下的居鲁士。

明智的君主应该遵从这些方法,在平时也绝不怠惰。他应该时时奋勉,勤加利用时间,以便身处逆境时能有用武之地,运气不顺时也能应付自如。

---

1 西奇比奥:指普布利乌斯·科尔内利乌斯·西奇比奥(前236—前184),罗马名将,在公元前202年的扎马战役打败汉尼拔(前249—前183),结束第二次布匿战争,为罗马和迦太基之间长达百年的争霸战获得决定性的战果。

2 色诺芬(约前430—前354)写的《居鲁士传》在马基雅维利生前备受好评,书中其实把居鲁士理想化了。

第十五章
世人，尤其是君主，受到赞扬或谴责的原因

现在只剩下一件事还没检讨，那就是君主应该如何对待他的臣民和朋友。我知道这件事有许多人讨论过了，却还要凑热闹，尤其是我的看法跟讨论这个主题的其他人大不相同，因此不免担心受人非议、说我妄自尊大。可是，既然我的用意是写出对知情达理的读者有用的东西，看样子对我比较适合的方式是就事论事探讨真相，而不是对子虚乌有的事放言高论[1]。许多作家想象从来不曾存在过的共和国和君主国[2]，可是实际如何生活和应当如何生活这两者有天壤之别。为了研究

---

1 马基雅维利要着眼于现实经验，开始切入"君主典范"这个本书主题，要跟不切实际的作家划清界限。他心里想的不单单是只谈理想的柏拉图（如探讨理想的政府形态的政治哲学《理想国》），也包括人文学者笔下许多理想化的统治者或基督教君主的玄想写像。

2 如柏拉图的《理想国》或托马斯·摩尔的《乌托邦》（1516）。

事情应当怎么做而无视事情实际上怎么做，这样的人救不了自己，只会自取灭亡。凡事标榜仁义道德的人，一旦置身鸡鸣狗盗之徒当中，到头来一定惹祸上身。所以说，身为君主如果要存活下去，一定要学会不当滥好人，还得看实际的情况决定是不是要把这方面的体认应用出来。因此，我这就撇下跟凭空想象的君主有关的话题，只讨论现实世界的君主。

我相信我们评断一个人是根据他特别引人褒贬的那些特质，对于君主尤其如此，因为君主的地位比较高，自然引人瞩目。这就是为什么我们说有的人慷慨，有的人"悲惨"（我用的是托斯卡纳人的措词，把用尽手段取得自己没有的东西说成"小气"[1]，把过度舍不得享受自己拥有的东西说成"悲惨"[2]）；有的人乐善好施，有的人贪得无厌；有的人残暴不仁，有的人慈悲为怀；有的人柔弱胆怯，有的人刚强勇猛；有的人和蔼可亲，有的人自大傲慢；有的人淫荡，有的人贞洁；有的人正直，有的人狡猾；有的人严谨，有的人随和；有的人稳重，有的人轻

---

[1] 小气：原文"avaro"又有"贪婪"的意思。小气和贪婪虽然表现出来的行为不一样，却都是源自贪心不足的心理。

[2] 悲惨：原文"misero"又有"穷困、不幸"的意思；有钱却不懂得享受其实无异于没钱享受，两者同样"不幸"。与注1的"小气"一样，这两个字眼都深具意大利的民族特性。

浮；有的人信仰虔诚，有的人不信教；等等。

我知道大家都会承认，君主最可称道的是拥有前面列举的那些特质当中被认为好的那一些，然而受限于人类本身的条件，品性该有尽有或行为尽善尽美都是不可能的。既然如此，君主应该要有足够的智虑晓得如何避免可能导致他失去政权的恶行恶名。如果可能的话，应该警惕自己不要沾染可能危及政权的恶名。如果做不到，放纵一下也没关系。进一步来说，就算是坏事，如果不做就很难维持自己的政权，那就应该毅然决然去做，不要担心坏名声招来别人的谴责。归根究底不难发现，有些事情看来是美德，化为行动却带来毁灭；也有些事情看来是邪恶，化为行动却能保障君主的安全和百姓的福祉。

第十六章
慷慨与小气

先说前面列举的第一个品性。我相信被人家说慷慨是好事，然而君主慷慨的行为如果博得好名声，这会害到他自己，个中道理值得详加分析。大家都认为应该行善不欲人知，君主如果真的照做，没有人看得到他的慷慨。这样一来，难以避免被骂小气的下场。于是，君主为了维持慷慨的口碑，只好加重人民的负担，苛捐杂税无所不用其极，由此滋生民怨。等到他手头拮据，也不再有人会敬重他。结果，因为慷慨得罪许多人，却只满足极其少数的人。他开始意识到民心浮动的征兆，一有风吹草动就会危及他的政权，打算改变作风。可是只要作风一改，小气的坏名声立刻落在他头上。

既然实践慷慨的美德不可能不伤害到自己，明智的君主不应该在乎小气的坏名声。积年累月之后，大家看到国库充裕，有资源防御外患，不用横征暴敛照样能够积极建设，没有受他压榨的民众反而会认为他慷慨，这些民众才占多数。至于会说他小气的不外是没有从他那里得到好处的人，那种人毕竟是少数。就以我们自己的时代来说，做出丰功伟业的都是那些被认为小气的君主，被认为慷慨的君主则是一个个一事无成。教皇尤里乌斯二世利用慷慨的名声争取到教皇的地位，后来为了发动战争只好不顾慷慨的美名。现在的法兰西国王发动许多战争，却没有对臣民课征特别的税捐，就是因为他厉行小气原则，所以有节余支应额外的开销。现在的西班牙国王如果追求慷慨的虚名，那么就不可能参加那么多战争所向无敌。

所以说，君主为了避免剥削民脂民膏，为了保障自己的安全，为了预防国库空虚而被人瞧不起，应该不要介意被说成吝啬鬼，因为吝啬是能够帮助他遂行统治的恶习之一。如果有人要反驳我的看法，说恺撒靠慷慨的手段获得权力，另外还有许多人靠慷慨的手段和名声登上高位，我的回应如下：你可能已经是个君主，也可能即将成为君主。如果是前一种情况，慷慨对你有害；如果是后一种情况，绝对有必要让别人认为你慷慨。恺撒是那些想要成为罗马君主的人当中的一个，当然要表现慷慨；可是，一旦达到目的，如果他有幸活下来而且不节制开销，他会一手毁掉自己得来的权力。

如果还有人反驳，说有许多君主带着军队创下丰功伟业，作风慷慨广为人知，我的回应如下：君主支出的经费可能是他自己和臣民的钱，不然就是别人的钱。如果是前一种情况，他应该节约开销；如果是后一种情况，他应该随时随地表现慷慨。君主带兵在外，靠抢劫、掠夺和赎金维持开销，经手的财物都是别人的，那就一定要充分展现慷慨，否则他的士兵不会追随他。只要不是自己或臣民的财物，当然可以大方赠与、大方赏赐，就像居鲁士、恺撒和亚历山大那样，因为花费别人的财富不只是不会减损，反而会增加君主的名声。只有花费自己的钱财才会伤害到自己。

世界上没有一样东西比慷慨更容易耗损自己。展现慷慨的行为就是同时在消磨实践慷慨的能力，要不是把自己推向穷困因而受人蔑视，就是为了避免穷困而变得贪婪又可恨。君主最应该防范的是受人蔑视和怨恨，慷慨却一口气带来这两样。所以说，承受小气的名声是比较明智的做法，因为小气虽然带来坏名声，但不会招来怨恨，这样总胜过为了追求慷慨的好名声而变成贪婪鬼，因为贪婪会招致民怨。

第十七章
残忍与仁慈：受爱戴和受畏惧，何者比较有利

接着谈到前文列举的另一项品性，我相信每一个君主都希望人家说他仁慈，不会希望人家说他残忍。可是应该小心，不要误用仁慈。切萨雷·博尔贾被认为是出了名的残忍，他却为罗马涅带来了秩序和统一，并且恢复了当地的和平和忠诚。仔细斟酌这件事就会明白，他比佛罗伦萨的人民更仁慈——他们为了避免残忍的恶名，竟然容许皮斯托亚自取灭亡[1]。所以说，只要残酷能够维持臣民的团结和忠诚，君主不应该介意残酷的恶名。比起过度仁慈导致长期的失序状态进而引发凶杀和抢劫，因此整个社会全部受害，屈指可数的残暴事件显然仁慈多了，因为君主下令行刑只伤害到个人。由

---

1 皮斯托亚位于意大利中部，是佛罗伦萨的属城，城内的党派之争由于佛罗伦萨袖手旁观，在1502年演变为内战。马基雅维利数度奉命前去恢复秩序。

于新政权危机四伏，新君主尤其不可能避免残酷的名声。维吉尔通过迪多之口说出这样的话：

> 缔造新城处境维艰，我不得已
> 指派卫兵戍守各地边境与海防。[1]

可是说到做出决定和采取行动，君主一定要郑重其事，切忌杯弓蛇影。他应该步步为营，以慎思明辨和人道情怀加以调剂，避免因过度自信而流于莽撞或因过度猜疑而流于褊狭。

由此引出一个问题：到底是受爱戴比受畏惧可取，还是反过来说才对。答案是，两者同样重要，不应该偏废。可是，既然鱼与熊掌不可兼得，两害相权取其轻，自然是受畏惧比受爱戴有保障得多。我这么说是因为，世人大体而言是忘恩负义、反复无常、喜欢说大话、虚伪成性、避危趋安、贪得无厌。你给了他们好处，他们就心向着你，像我在前面说的[2]，在患难仍然遥远的时候，他们乐意为你赴汤蹈火，财物、

---

1 马基雅维利引自维吉尔（前70—前19）所写罗马帝国的民族史诗《埃涅阿斯纪》第一卷第563-564行。迪多是诗中的迦太基女王。

2 见第九章。

性命甚至儿子都可以奉献给你；可是到了紧急关头，他们就会转身而去，连头都不回。君主如果相信他们的话，不懂得未雨绸缪，只想要完全仰赖他们，一定自毁长城。友谊如果是花钱买来的，而不是以相知相惜的高贵情操为基础，那就是可以称斤称两买得到的，那种友谊不是你能真正拥有的，因此你不可能依自己的需求取用支付。触犯受到爱戴的人比触犯受到畏惧的人更没有顾忌，这是人之常情。因为爱被认为是靠道义的束缚在维系，而既然人性本恶，对自己不利的时候当然不会想要受道义掣肘。畏惧可不一样，是靠害怕遭受惩罚的心理在维系，那种心理不会消失。

然而，君主要使自己受人畏惧应该讲究技巧，就像我现在要说的。即使争取不到民众的爱，至少应该避免招惹他们怨恨。使人畏惧的同时不要招来怨恨，这是办得到的，只要不觊觎百姓的财物和妻女就行了。如果非剥夺人命不可，一定要有充分而且使人信服的理由，不过最重要的是千万不要染指别人的财物。因为对一般人来说，忘记父亲的死亡容易，忘记继承的遗产不容易。要抢夺别人的财物，永远不会找不到借口。一旦开始以掠夺为生存之道，随时随地都找得出理由侵占别人的财物。反观夺人性命，理由不容易找，就算找到也容易失效。

但是，如果君主是跟他的军队在一起，而且指挥的士兵人数众多，那么他根本没必要在意背负残忍之名。这一点很重要，因为如果不是这样，他绝无可能使军队团结一致，也绝无可能达成军事任务。当年汉尼拔[1]战功彪炳，他的一大成就在于统率由许多不同的民族组成的大军在国外作战，却能够同心协力，士兵之间没有摩擦，对待君主也没有二心，运气好的时候固然如此，运气不好也一样。这样的成果只能归因于他铁面无情的作风，这样的作风加上他不可限量的才能，使得他在士兵看来既可敬又可畏。要不是这样，他有再多再强的能力也不管用。历史学家佩服他的成就，却同时谴责他获致那些成就的主因，那样的评论毫无道理可言。

别的能力不足以产生同样的成效，这可以从西奇比奥的例子获得证实。他不只是在当代傲视群雄，而且使后代的人永志不忘。他的军队在西班牙发生叛乱，没别的缘故，只因为他过度善良，容许士兵拥有超过军纪限度的自由。法比乌斯·马克西姆斯[2]在元老院对他加以谴责，说他腐化罗马军

---

1 见第 90 页注 1。

2 法比乌斯·马克西姆斯是罗马共和时期的执政官，在萨谟奈战争有杰出的表现。

队。西奇比奥的副官蹂躏洛克瑞人，他既没有为洛克瑞人伸张正义，也没有惩罚手下的狂妄[1]，因为他天性宽大为怀。元老院有位议员要为他开脱，说有许多人知道如何不犯错，却不晓得如何纠正别人犯错。西奇比奥如果继续担任指挥官，早晚会因为这样的性情而玷污一世的英名。可是在元老院的监督之下，他这种有害的性情不只是被掩盖了，甚至有助于他建立功名。

关于受爱戴和受畏惧这个问题，我的结论是，既然民众爱戴君主是出于民众的意志，君主无法操之在我，民众畏惧君主的关键却在于君主本人的意志，他自己能够做得了主，因此明智的君主应当唯自己的意志马首是瞻，不能仰赖别人的意志，只要竭力避免民怨就是了，如同前面说过的。

---

1 洛可瑞位于意大利南部海滨，是希腊人建立的殖民城市。西奇比奥派在西西里的副官纵容部队劫掠洛可瑞。

第十八章
君主守信之道

大家都知道，君主信守诺言而且为人正直不耍诈是多么值得称道的事。然而，环顾当今之世，我们看到那些功成名就的君主，一个个不把守信当一回事，而且善于使用狡诈的手段愚弄世人，就这样征服讲究诚信的人。

所以，一定要知道，有两种抗争的方式[1]：一种用法律，另一种用武力。第一种适合人类，第二种适合野兽。可是在许多情况下，第一种方式不足以应付，因此有必要求助于第二种方式。所以说，君主必须知道如何交互运用分别适用人类和野兽的战斗方式。这个观念早有古代作家运用意在言外的笔法教导君主。他们写到阿基利斯和许多古代的君主被送

---

1 马基雅维利引用的是西塞罗的观点（《论义务》第一卷第十一章第三十四节），可是做了大幅度的改变。

到马人基戎那里接受教育[1],接受他的栽培与训练。以半人半兽的怪物为老师,只有一个合理的解释:君主有必要善用两种天性,只得其一成不了气候。

既然君主必定要懂得如何运用野兽的习性,他理当选择狐狸和狮子为效仿的对象。由于狮子无法躲避陷阱,而狐狸无法保护自己抵御豺狼,因此一定要像狐狸才能够辨认陷阱,而且一定要像狮子才能够惊吓豺狼。完全效法狮子习性的人不理解个中道理。因此一旦违反自己的利益或是当初承诺的理由消失时,明智的君主既不能也不应该信守诺言。如果每一个人都善良,这一句座右铭就不管用了。然而,就是因为人类生性邪恶,不会对你守信,同样的道理,你也没必要对他们守信。无数现代的例子可以证实,君主永远不会欠缺正当的理由粉饰自己背信弃义的行为。只要看看有多少条约变成废纸,又有多少承诺变成空言,

---

[1] 阿基利斯是特洛伊战争中希腊联军的第一勇将。基戎是希腊神话中的怪物,上半身为人,下半身为马,故称"马人"(他的同类却是兽性多于人性,故称"人马族"或"人马怪"),一手调教出许多英雄,包括在神话世界与阿基利斯齐名的雅典民族英雄忒修斯、完成十二件苦役的赫拉克勒斯、取得金毛羊皮的伊阿宋和可称为"希腊华佗"的阿斯克勒庇俄斯。马基雅维利对于这个神话故事的寓言式解读确实前无古人,只能说是他个人的玄想。

都是由于君主口是心非，就可以明白了。最善于模仿狐狸的人总是最成功。

不过，最重要的是，一定要晓得如何漂漂亮亮地掩饰兽性，做个伟大的说谎人和伪君子。人都很天真，只顾虑到眼前的需求，竟使得骗子永远找得到心甘情愿被骗的人。我忍不住要举最近的例子。亚历山大六世什么事也不干，整天只想着骗人的勾当，而且总是找得到发挥所长的机会。不曾有人比他更擅长花言巧语、更敢于信誓旦旦，同时又更喜欢食言而肥。他的伎俩总是随心所欲而无往不利，因为他洞悉人世的这一面。

君主不见得一定要具备前面提到的那一切被认为是好的特质[1]，但确实有必要让人家觉得他样样具备。我甚至敢大胆这么说：具备那些特质，还随时随地身体力行，一定害到自己；反过来，让人家觉得拥有那一切特质却非常有用，比如，让人家觉得慈悲为怀、忠实可靠、讲究人道、正直、有虔诚的信仰，而且使人相信会身体力行。但是君主要有心理准备，一旦有必要改弦易辙，应该晓得怎么做。还必须了解，君主，尤其是新君主，不可能实现那一切大家都说他好的特质，因为他为了维

---

[1] 见第十五章。

持政权时常需要背信弃义，违反人道，违背宗教信仰。他一定要有心理准备，准备随时顺应运气的风向和形势的改变。而且，就像我在前面说过的，如果可能的话，他不应该忽视德行，但是必要的时候，他应该知道如何为非作歹。

因此，君主应该非常小心，一定要开口闭口无不展示出前面提到的那五种美德。他一定要表现得让人家听了或看了觉得他就是慈悲的化身，忠实可靠、为人正直、讲究人道而且信仰虔诚。其中最后一项尤其必要，因为人类下判断通常是靠眼睛，而不是靠双手；因为每一个人都能够看，但是能够有第一手接触的人为数不多。每个人都看到你表现出来的样子，但是很少有人能够察觉你的真面目，那少数人也不敢跟大多数人唱反调，因为他们有政权的最高当局当靠山。人的所作所为应该考虑最后的结果[1]，君主更不在话下，因为没有人能够裁决他的所作所为。

所以，君主大可放手去争取或维系政权，大家会异口同声说他采取的手段是正直的而且值得赞美，因为泛泛之辈总是被表象及结果牵着鼻子走。放眼世间无非是泛泛之

---

1 考虑最后的结果：其意大利原文"si guarda al fine"常被误解为马基雅维利在暗示"目的使手段成为合理"，其实《君主论》从头到尾没表达过类似的意思。

辈，那些占大多数的人有立足之处的时候，少数人不会有容身之地。我们这时代有个君主，他的名字还是不说出来的好[1]，他开口闭口都是和平与诚信，所作所为却处处跟和平与诚信背道而驰。如果他用实际的行动拥护和平且奉行诚信，他的政权或声誉老早就荡然无存了。

---

[1] 这里指的很可能是阿拉贡的斐迪南二世，或神圣罗马帝国皇帝马克西米利安一世。

第十九章
如何避免受人鄙视和怨恨

既已讨论前面提到的品德中最重要的一项,那么我想根据一个概括的原则简略谈谈其余四项。这个原则是,君主应该小心,就如同前文提示的,避免可能为他招来怨恨和鄙视的事情。只要避免那一类事情,他就能扮演好自己的角色,不至于受到其过错的连累而危及自身的地位。

我说过了,君主最容易招来怨恨的事情是贪婪,就是霸占臣民的财产和妻女。这一点绝对要避免。只要财物和名誉不受侵犯,大多数人都会心满意足地过日子。这样一来,君主不必担心腹背受敌,只要抗衡少数人的野心就可以高枕无忧。至于那少数人的野心,防止的方法多得很,而且很容易。

君主受人鄙视无非是因为被人看穿心思,大家相信他见异思迁、轻率肤浅、软弱、胆怯、优柔寡断。君主应该小心翼翼,像提防暗礁一样提防这些印象深入人心,竭力确保自己的所作所为展现高贵、勇敢、坚毅。至于他和臣民之间的私务，务必秉持决断既出驷马难追的气势，而且维持这样的声誉，使别人想都不敢想对他欺瞒或耍弄。

这样为自己塑造形象的君主自然声誉卓著，要谋反声誉卓著的君主并不容易。如果他的臣民敬重他，相信他真正优秀，那么要行刺他更是难上加难。只有两件事值得君主担心：一是内忧，跟他的臣民有关；另一个是外患，和国外的势力有关。对于外患，他可以靠精良的部队和亲密的盟友从事防御；只要拥有精良的部队，自然会有亲密的盟友。至于内忧，除非有阴谋在兴风作浪，否则外患一旦解除，内忧自然消除。即使外部的形势扰攘不安，只要他像我建议的那样未雨绸缪、立身行己，不要半途而废，自然经得起任何攻击，就像我举斯巴达的纳比斯时所作的说明[1]。

可是说到他的臣民，就算外部的形势不变，他还是得担心他们密谋叛乱。要应付这样的阴谋，君主所能采取的最佳防御是避免招来怨恨和鄙视，并维持民众对他的满意。这一点关系重大，我已经详细说明过了。君主应付阴谋事件最有效的措施是不要招惹民怨，因为密谋起事的人无不相信杀死

---

1 见第64页注1。

君主会使民众感到满意。一旦谋反的人担心自己会得罪民众，他就鼓不起勇气做那种事了，因为阴谋分子面对的困难不胜枚举[1]。经验显示，阴谋虽多，但有好下场的屈指可数，因为阴谋分子不可能单独行动，只能从他相信心怀不满的人中找伙伴。可是你的意图一旦泄露给不满分子，就是留下把柄在他的手中，他可以拿检举要挟你，对你予取予求。他知道出卖你一定有好处，追随你却是危机四伏步步惊心，明知实情如此还对你力挺到底，显然，他如果不是非常难得的朋友，就是君主不共戴天的仇人。

简明扼要地说，阴谋分子有的只是恐惧、嫉妒和害怕受到惩罚，凡此种种都会使他方寸大乱。反观君主这一方，他有君主的威严，有法律为靠山，有朋友和政府保护他。如果再加上民众的敬爱，不可能有人会那么莽撞要策划阴谋对付他。归根结底说来，阴谋分子通常在犯法之前有理由感到害怕，但在与全民为敌的情况下，他不可能指望找到藏身之处，因此在犯法之后也有理由感到害怕。

可以引述许多实例支持这个论点，不过我现在只举出我

---

1 马基雅维利在《论李维罗马史》书中最长的一章（第三卷第六章）就是"论阴谋"。

们的父辈都记得的一个例子就够了。博洛尼亚的君主安尼巴列·本蒂沃利奥大人是当今的安尼巴列大人的祖父，被坎内斯齐家族暗杀[1]。整个家族只有乔万尼大人幸存，当时他还在襁褓中，可是人民在谋杀案发生之后立即起义，把坎内斯齐家族杀个精光。这是由于本蒂沃利奥在那时候深受人民爱戴：他们如此爱戴他，竟至于在安尼巴列死后，那个家族没有一个活口可以统治博洛尼亚。博洛尼亚人听说在佛罗伦萨有本蒂沃利奥家族的后代，虽然一直被认为是工匠的儿子，还是派人去佛罗伦萨，接他回博洛尼亚。他们接受他的统治，一直到乔万尼大人长大能够处理国事为止。

我的结论是，君主只要博得人民的好感，没必要在乎阴谋事件；可是，如果人民怨恨他，对他有敌意，那他对每一个人、每一件事都得提心吊胆。治理完善的国家和明智的君主总是全力避免把贵族逼到走投无路，同时竭力满足平民的需求，使他们心满意足——这是君主最重要的本分。

法国是我们这个时代组织完善而治理良好的王国之一。他们有许多优秀的机构保障国王的自由和安全，其中最重要

---

[1] 安尼巴列·本蒂沃利奥于1445年被政敌巴蒂斯塔·坎内斯齐暗杀，他的儿子乔万尼于1462年在博洛尼亚掌权。1508年，乔万尼去世后由其儿子继任，即"当今的安尼巴列大人"。

的是议会及其权威[1]。创设那个机构的人知道贵族的野心和傲慢，认定他们的嘴巴需要衔铁加以节制。在另一方面，他知道平民因为害怕而怨恨贵族，要设法保障平民，却又不希望这件事成为君主的义务。于是，为了避免自己由于偏袒平民而失去贵族的支持，同时也为了避免自己由于偏袒贵族而失去平民的拥护，君主因此设立第三方的仲裁机构，既可以节制贵族的傲气，又可以保障底层民众的利益。没有比设立这个机构更美好的政策了，同时能够充分保障君主和王国的安全。由此得出另一个值得注意的结论：君主应该把不得民心的工作委派给别人，讨人欢喜的事情则保留给自己。我再做个总结：君主应该尊重贵族，可是千万别招惹民众怨恨。

考虑到某些罗马皇帝的生平与死亡，可能会有不少人引那些例子驳斥我的见解，说他们尊贵的生活展现高贵的灵魂，照样失去帝国政权，或惨遭阴谋叛变的臣民杀害。为了回应这样的反驳，我想讨论一下某些皇帝的素质，说明他们倾覆的原因跟我在前面的推论并无不同，同时也为对那个时代的历史有兴趣的读者提供值得注意的一些事情。我把范围局限

---

1 法国的议会始于1254年以"巴黎议会"的名义执行皇家法院的职能，但正式建制是在1302年召开的"三级会议"。

在从哲学家马库斯到马克西米努斯，名单如下：马库斯、马库斯的儿子康茂德、佩提纳克斯、尤利安努斯、塞维鲁斯、塞维鲁斯的儿子安东尼努斯·卡拉卡拉、马克瑞努斯、赫辽加巴鲁斯、亚历山大和马克西米努斯[1]。

首先要提醒的是，在其他的君主国，统治者需要抗衡的只有贵族的野心和人民的傲慢，罗马皇帝却得要加上第三个棘手的难题：应付士兵的残暴与贪婪。这个难题如此棘手，竟至于许多罗马皇帝因而死于非命，因为他们难以同时满足人民和军人。原因在于，人民爱好和平，因此喜欢温和的君主，军人却喜欢骁勇、大胆、狠心、贪婪的君主，还希望君主把这些特质应用在人民身上，以便增加自己的薪酬，同时发泄自己的贪婪和残酷。结果这些皇帝——除非先天继承或后天靠手腕争取到崇高的名望足以对军民双方产生约束的作

---

[1] 这张名单包括 161—238 年的短短七十八年间多达十位的罗马皇帝：以希腊文撰写《沉思录》的马库斯·奥瑞利乌斯（121—180 年在位），被暗杀的康茂德（180—192 年在位），被叛军杀死的佩提纳克斯（193 年在位），被自己的士兵杀死的尤利安努斯（193 年在位），塞维鲁斯（193—211 年在位），被暗杀的安东尼努斯·卡拉卡拉（211—217 年在位），死于乱军的马可瑞努斯（217—218 年在位），被暗杀的赫辽加巴鲁斯（218—222 年在位），死于军事暴动的亚历山大（222—235 年在位），在军中被部下杀死的马克西米努斯（235—238 年在位）。

用——总是下场凄惨。他们当中的大多数，尤其是白手起家登上大位的那些人[1]，明白调和这两派势力的难处，力求满足军人，认为伤害人民没什么大碍。这样的策略有其必要，因为君主不可能两面讨好，迁就一方注定开罪另一方，所以首先应该极力避免引起人民普遍的怨恨；如果这一点做不到，退而求其次，应该极力避免引起势力最大的一群人的怨恨。因此，需要外力支持的那些皇帝，由于是白手起家登上大位，依附军人而离弃人民则是顺理成章。然而，这样的做法是否对君主有利，取决于君主是否有能力在军中维持既有的名望。

由于前述的原因，马库斯、佩提纳克斯和亚历山大等个性温和而痛恨残暴且拥护公正、人道与善良的人，除了马库斯，其余的都是下场悲惨[2]。只有马库斯享天年而生荣死哀，因为他的权力来自继承，而不是仰赖军人或人民，对他们双方同样没有亏欠，再加上他先天具备许多美德，使他普受尊敬，有生之年始终维持军民双方得以各守本分，既不惹人讨厌，也不会让人瞧不起。反观佩提纳克斯，他成为皇帝违背

---

1 本章一再提到的"白手起家的君主"，即第七章所称"新君主国的君主"，在本书常简称为"新君主"，见第47页注1。

2 佩提纳克斯推动不受欢迎的改革，只在位三个月就被一群士兵愤而行刺。亚历山大也是被士兵暗杀，主谋就是继任皇位的马克西米努斯。

了军方的意愿，因为军人已习惯康茂德统治时放纵无度的生活，佩提纳克斯却要求他们改邪归正。他们受不了，因此对他积怨怀恨，又看他年纪老迈而心生轻蔑，执政之初就被消灭了[1]。

这里应该注意的是，好的作为和坏的作为同样会招来怨恨。因此，正如我在前面说过的，君主如果想要维系政权，往往不得不放弃理想。一旦你相信为了维持政权非需要仰赖不可的那个团体腐败了，不论那个团体是民众、军人或贵族，你为了满足他们就只好迁就他们的喜好。在这种情况下，好的作为反而对你有害。再说到亚历山大，他这个人太善良了。他受到赞扬的事迹当中，有一项是主政的十四年期间，不曾有人未经正规的司法诉讼就被处死。此外，他被认为性格软弱，竟然听任母后干政，因此被看轻，死于军人的叛变阴谋。

接着讨论相反的情况。检讨康茂德、塞维鲁斯、安东尼努斯·卡拉卡拉和马克西米努斯的性格，可以发现他们的残暴和贪婪都到了无以复加的地步。为了使军方满意，他们毫不犹豫对人民做尽违法的勾当，结果除了塞维鲁斯，下场都

---

[1] 康茂德被暗杀后，六十七岁的佩提纳克斯在乱局中抢占先机获得帝位，可三个月后就发生兵变被暗杀。

很惨。塞维鲁斯勇武过人,虽然压迫人民,却跟军方维持如胶似漆的关系,主政期间总是称心如意。勇武使得他在军人和人民眼中同样显得神奇:后者看得目瞪口呆而不知所措,前者佩服之余感到心满意足。就白手起家的君主而论,他这个人的所作所为实在了不起,令人刮目相看,因此我想花点篇幅说明他如何师法狐狸和狮子。这两种动物的天性,正如我在前面说过的,君主非模仿不可。

塞维鲁斯得知尤利安努斯皇帝狂妄的气焰,鼓动自己在潘诺尼亚指挥的军队,说义不容辞要赶回罗马,为惨遭禁卫军杀死的佩提纳克斯复仇。摆出这个光明正大的借口,绝口不提自己觊觎皇位的野心,他率军向罗马进发。部队移防的消息还没走露风声,他已经回到意大利境内。他进入罗马城内,元老院在惊惶之下推举他为皇帝,尤利安努斯被杀[1]。起了头之后,塞维鲁斯如果想要掌控整个国家,得先克服两个障碍:第一个障碍在亚洲,尼格是亚洲地区的军队司令,他已经自立为帝;第二个障碍在西方,阿尔比努斯也有称帝的

---

[1] 佩提纳克斯于193年被暗杀后,家财万贯的元老议员尤利安努斯在皇位拍卖中以较高的价格得标,因而争取到军队的拥戴。甫上任,他就宣布罗马货币贬值,民怨载道而群情鼎沸,罗马陷入内战,塞维鲁斯趁乱局唆使军队加以暗杀。

野心。塞维鲁斯认为同时在两条阵线公开树敌太危险，因此决定对尼格发动攻势，对阿尔比努斯却采用欺骗的手法。他写信给阿尔比努斯，说自己被元老院选为皇帝，希望与他共享尊荣，愿意把"恺撒"的称号送给他，也接受元老院的决议，跟他一起掌权共事。阿尔比努斯居然把这些说词当真。等到击败并杀死尼格之后，既已平定东方，塞维鲁斯回到罗马，在元老院抱怨说阿尔比努斯对他忘恩负义，密谋叛国与他作对，因此他有必要惩罚这种背信弃义的行为。于是他在法国[1]找到阿尔比努斯，把对手的权力和性命一起剥夺了[2]。

仔细检讨塞维鲁斯的所作所为，可以发现他结合了狮子的勇猛与狐狸的精明，也可以明白大家对他敬畏交加的缘由，而且军人没有理由怨恨他。他，白手起家的一个人，竟能维持这么大的一个帝国，说来不足为奇，因为如日中天的声望就是他的金钟罩，使得因掠夺而激起的民怨不至于为害到他。

塞维鲁斯的儿子安东尼努斯也拥有杰出的特质，使得人

---

[1] 法国：合乎历史的说法应为"高卢"，马基雅维利习惯用当代的称呼。

[2] 尼格以他统领的安条克为靠山，于194年自立为帝，后来被塞维鲁斯打败，逃往安息途中被自己的部队杀死。塞维鲁斯的另一个对手赛普提米乌斯·阿尔比努斯得到西部殖民地的支持，失势后于197年被斩首。

民佩服而军人喜欢。这是因为他行伍出身，能吃苦耐劳，看不惯珍馐佳肴和萎靡不振的生活，因而博得部队上下一致的敬爱。然而，他过分凶猛与残忍，根本前所未闻，个别杀害许多人之后，还集体残杀罗马公民，甚至在亚历山大里亚展开屠城，害自己成为全世界共同憎恨的对象。大家开始对他感到恐惧，连他身边的人也不例外，结果惨遭自己军队中的一名百夫长谋杀。

这个例子值得注意的是，一旦有人下定决心放手一搏，君主就难逃一死，因为只要把生死置之度外，任何人都有办法下手得逞。可是君主没必要太担心那种人，因为那种人难得一见。他只要小心避免过度伤害日常生活中在身边伺候他以及公务上常相左右的那些人就行了。偏偏安东尼努斯就犯了这样的错误：不讲理地处死那个百夫长的哥哥，又天天威胁他，竟然还把他留为贴身侍卫。这种事鲁莽之至，事实证明是致命之举。

还是回到康茂德吧。他要保有权力根本轻而易举，因为那是他以马库斯的儿子继承而来的权利。他只要追随他父亲的遗风，满足人民和军人就够了。可是他生性残暴而作风粗野，为了鱼肉人民而讨好军人，给了他们太多的特权。在另一方面，他践踏自己的尊严，进入竞技场和角斗士比武，还有其他不光彩的事情，完全不顾皇帝的体面，成为士兵眼中的丑角。因此人民痛恨他，军人唾弃他，最后他在一场阴谋事件中被杀。

现在只剩下马克西米努斯要讨论。他这个人好战，当初是因为军人瞧不起亚历山大的软弱，就像我在前面说过的，他们才在亚历山大死后把他推上皇位。这个位置他坐不了多久，因为两件事使他受到憎恨和鄙视：一是他出身非常卑微，是色雷斯的牧羊人，这事广为人知，使他到处被人瞧不起；二是他掌权之初，迟迟不去罗马即帝位，而且这之前他的部下已经在罗马城内和帝国各地犯下许多暴行，使得他恶名昭彰。结果是，由于全世界都歧视他卑微的出身，又因为害怕他的残暴而憎恨他，非洲率先造反，接着是元老院和全体罗马人民，最后整个意大利密谋反抗。连他自己的军队也加入谋反的行列：围攻阿奎莱亚时发觉困难重重，因为痛恨他残暴不仁，看他树敌太多也就不至于太害怕，一不做二不休把他杀了。

我不想讨论赫辽加巴鲁斯、马可瑞努斯[1]或尤利安努斯，因为他们根本让人瞧不起，很快就被消灭了。但是我想做个总结。我认为，就运用自己的权力满足军人的特殊要求这一

---

[1] 赫辽加巴鲁斯和马可瑞努斯，和佩提纳克斯一样，都是被禁卫军杀死的。

点来说，我们这个时代的君主面临的困难比较少。因为虽然他们也要顾及军人，但是问题容易解决，毕竟这些君主和罗马君主不一样，他们的军队并没有涉及中央军政与地方民政根深蒂固的关系。如果说对罗马帝国的统治者而言，讨好军人比较重要，因为军人的力量比较大，那么对当今所有的君主来说，除了土耳其和苏丹，讨好人民比讨好军人更重要，因为人民的力量比较大[1]。

我把土耳其君主除外，因为他始终保持一万二千名步兵和一万五千名骑兵在身边，国家的安全和力量就仰赖这一支部队，因此跟他们维持良好的关系比什么都来得重要。同样的道理，苏丹的王国全部掌握在军人的手中，因此统治者也应该致力于与军人交好，不用顾虑人民。应该注意的是，苏丹跟其他所有的王国都不一样，倒是类似基督教的教皇[2]，既不能称之为世袭的，也不能说是新建立的，因为继任的统治

---

1 "土耳其"指奥斯曼帝国的谢里姆一世（1512—1520年在位），"苏丹"则指埃及的马木路克。马木路克是由奴隶组成的军队，他们构成中世纪穆斯林军队的主力，甚至在1250年建立马木路克王朝，统治埃及和叙利亚，直到1517年被谢里姆一世推翻。

2 "基督教"有狭义、广义之分。狭义的基督教即宗教改革以后才出现的新教，广义的基督教包括天主教，此处特指天主教。

者不是前任君主的太子,而是由掌握实权的团体选举产生。由于这一套选任君主的程序历史悠久,所以也不能说是新建立的君主国:虽然君主是新的,维系政权的制度却是旧的,按部就班地接受继任者,仿佛他是世袭君主。

现在言归正传。我想考虑过以上所论的人都会同意,我所提到的被推翻的那些皇帝,要不是受到怨恨,就是受到蔑视;也都会认识到为什么有些人这么做,其他的人做法相反,两种做法都有人成功,也有人失败。佩提纳克斯和亚历山大是白手起家的君主,身为新君主却试图模仿享有君主继承权的马库斯,不但徒劳而且有害。对卡拉卡拉、康茂德和马克西米努斯来说,模仿塞维鲁斯同样有害,因为他们没有范水模山的能力。所以说,新君主在新国家不能模仿马库斯的作为,而是应该追随塞维鲁斯建立新政权所采取的措施,同时学习马库斯维持根基已稳固的政权所采取的种种适当而荣耀的措施。

第二十章
堡垒等君主常用措施的利弊得失

为了保障政权的安稳,有的君主解除国民的武装,有的把统辖的领土分割[1],有的煽动他们彼此敌对,有的对掌权之初被怀疑有异心的人施以笼络,有的兴建城堡,有的则将城堡拆毁。这些作为的利弊得失无从判断,除非针对那些国家的特殊状况分别加以考量。话虽这么说,我还是要在这个问题所容许的范围内提出概括的看法。

新君主国的君主解除臣民的武装,这种事从来没有发生过。相反地,他一旦发现他们手无寸铁,便总是要把他们武装起来。之所以如此,是因为只要他们有武装,他们手上的武器就成了你自己的,以前受到怀疑的人会转而对你效忠,原本效忠于你的人仍会继续效忠,而且从臣民一变而为热心

---

[1] 由不同的党派各自统治一部分领土,以收彼此牵制之效。

的拥护者。由于不可能把全体臣民都武装起来,有武装的人得到你特别的关爱,利用他们对付没有武装的那些人自然比较安全。有武装的人明白自己得到比较好的差别待遇,更会死心塌地追随你;其他的人则会谅解你,认为有武装的人面临较多的危险,也承担比较繁重的职责,理当拥有较多的特权。可是,你一旦解除他们的武装,也就得罪他们了,因为你表明了不信任他们,要不是认为他们胆怯,就是对他们缺乏信心,不论如何都会引起他们对你的憎恨。万一到了这样的地步,可是你又不能没有武力,只好求助于雇佣军。雇佣军的性质已经在前面分析过了。不论雇佣军多有效率,你都不可能仰赖他们保护你不受强敌侵犯,即使只是应付对你心怀不满的臣民也捉襟见肘。

然而,君主并吞新领土之后,就像把新肢接到旧躯体,有必要解除占领地居民的武装,仅有的例外是有功于占领行动的那些人。即使是这些人,你也必须把握恰当的时间与机会削弱他们的武力,软化他们的士气。应该要有妥善的安排,务必使全国的武力都集中到你自己原有的领土出身的部队。

我们的祖先以及被认为聪明的那些人总是说,保有皮斯托亚得靠党派之争，保有比萨得靠堡垒[1]。他们抱持这样的想法，在某些属地煽动纷争，以便于控制。在意大利还保有某种程度的权力均衡的时代[2]，这样的做法或许是可取的政策，可是我不相信在当今还能奉为金科玉律。我不认为透过党派之争有什么效果可言：敌人逼近时，分裂的城市必定很快失守，因为势力较弱的一方总是会投靠外部的武力，另一方也没有能力抵抗外侮。

我相信是受到上述理由的影响，威尼斯人在他们的附庸城市煽风点火，使格尔夫和吉贝林两派僵持不下[3]。他们虽然不容许流血冲突，但确实挑拨他们之间的纠纷，使他们不会团结一致对抗威尼斯人。然而，事实证明威尼斯人并没有从中得到好处，因为他们在维拉打败仗后，那些属地城市中的一个党派立刻鼓起勇气，从威尼斯人手中夺走了全部的占领

---

1 关于"靠党派之争"，见《论李维罗马史》第三卷第二十五章和第三卷第二十七章；关于"靠堡垒"，见该书第二卷第二十四章。

2 指1454年签订《洛迪条约》到1494年法王查理八世入侵意大利的40年间。

3 格尔夫和吉贝林是12—15世纪意大利的两大政治党派，地方势力掺杂国际强权之争，因此如果一方得到教皇的支持，另一方就转而支持神圣罗马帝国皇帝，反之亦然。此处马基雅维利用于泛称党派政争。

地[1]。此外,这种措施意味着君主软弱:强大的政府绝不会允许这样的分裂,因为分裂措施只在和平时期管用,方便君主管理他的臣民,可是一旦战争来临,此一政策之不可靠就暴露无遗了。

君主克服困难又打败对手无疑就称得上伟大。由于新君主比世袭的君主更需要声望,因此运气[2]打算使他成为伟大的君主时,会树立许多敌人跟他作对,使他有机会击败他们,然后顺着他们提供的阶梯步步高升。因此,许多人认为明智的君主应该把握机会,要些手段制造敌人,然后加以制服,为自己的声望锦上添花。

君主,尤其是新君主,已经发现在掌权之初所怀疑的人比当时所信任的人更忠诚,也更有用。锡耶纳的君主潘多尔福·佩特鲁齐[3]起用大量曾经被他怀疑的人帮他治国。

---

1 在维拉打败仗:见第78页注4。布雷西亚和维罗纳率先反抗,帕度亚、维辰札和其他城市接着响应。

2 运气:拟人格,犹言"运气女神"。马基雅维利沿袭中世纪的观念,把无常的命运设想为一位女士手握转轮,因此起伏不定。

3 潘多尔福·佩特鲁齐(1452—1512)是切萨雷·博尔贾的死敌,于1500年在锡耶纳掌权。马基雅维利以外交使节的身份跟他有过数面之缘。

不过这种事,由于个别情况差异很大,没办法归纳出通则。我想说的只是,对新政权怀有敌意的人,为了自保而需要靠山,那些人总是君主最容易争取到手的人,而且他们知道需要靠后续的表现改变君主对他们的坏印象,自然更会尽心效忠。因其如此,君主从他们得到的助力将会超过当初受到信任的人,因为后者自恃伺候君主较有安全保障,难免掉以轻心。

因为跟主题有关,我一定要提醒君主的是,如果获得新领地是得到当地人的支持,一定要好好考虑那些人的动机。他们的动机如果不是发自内心的爱戴,而只是对旧政权不满,那么新君主要跟他们维持友好的关系势必煞费苦心而且困难重重,因为不可能使他们感到满意。君主只要细心斟酌个中道理,再参酌古今史实,就会明白对旧政权感到满意因此起初与他为敌的人比较容易交心,反而是因为对旧政权感到不满而帮助他占领该地的人难以相处。

为了确保政权,君主通常习惯营建堡垒,把堡垒当作马缰和马勒,用来遏制可能反抗的人,并且在遭遇突如其来的攻击时提供稳当的庇护所。我赞同这样的措施,因为古时候就是这样。然而,就在我们这个时代,尼科洛·维帖利大人为了保住自己的政权,不惜拆毁卡斯特洛市的两座堡垒[1]。乌比诺公爵归多巴多被切萨雷·博尔贾逐出国境，后来返回原有的领地，把所有的堡垒全部夷为平地，认为没有堡垒比较不容易再度失去国家[2]。本蒂沃利奥家族返回博洛尼亚，也采取同样的政策。由此可见，堡垒是否有用武之地，得看个别状况才说得准，在某个情况下有利，在不同的情况却有害。

这个问题可以大而化之地这么说：君主如果认定自己的人民比外国人更可怕，那就应该建堡垒；如果认定外国人比自己的人民更可怕，那就不应该建堡垒。法兰切斯科·斯福尔扎所建的米兰城堡过去已经为斯福尔扎家族招来太多的战争，因此添加的麻烦远过任何其他在地的骚乱，以后也会如此。所以说，不惹民怨就是拥有最可靠的堡垒。如果人民怨恨你，堡垒也保护不了你，因为人民一旦揭竿起义，就永远不缺乘机而入的外国势力。在我们这个时代就可以看明白，

---

[1] 佣兵指挥官尼科洛·维帖利（1414—1486）控制卡斯特洛市，于1474年遭教皇西克斯图斯四世撤职，被迫交出政权，后来得到佛罗伦萨人的帮助，于1482年再度掌权，摧毁教皇所建的两座堡垒。

[2] 归多巴多（1472—1508）十岁时成为乌比诺公爵，1502年被切萨雷·博尔贾驱逐。他利用1503年亚历山大六世之死重掌政权，着手拆除城内的堡垒，使乌比诺蜕变成文艺复兴之宫。

堡垒不曾带给任何君主好处。仅有的例外是福尔利伯爵夫人,她在丈夫吉罗拉莫遇害之后,逃进自己的堡垒躲避人民的袭击,等待来自米兰的援兵,终于夺回政权。当时情况特殊,没有外国军队能够协助人民。但是后来切萨雷·博尔贾对她发动攻势,敌视她的民众就跟那个外国人[1]勾结在一起了。由此可见,她不惹民怨比兴建堡垒更能保障安全。

把这些事情全面考虑的结果是,我认为兴建堡垒和不建堡垒同样值得称赞,但是我谴责依赖堡垒却忽视民怨的人。

---

[1] "那个外国人"指切萨雷·博尔贾,只花六天就攻陷伯爵夫人藏身的城堡,事情发生在 1499 年。

第二十一章
君主如何争取名望

　　君主受到世人的敬重莫过于透过雄图霸略展现过人的才能。我们这个时代有个现成的例子，就是阿拉贡的斐迪南，现任的西班牙国王。他几乎可以说是个新君主[1]，因为他原本只是个弱小的国王，现在却由于自己争取到的盛名与荣耀而坐上基督教王国的第一把交椅。审视他的成就不难发现，他的所作所为样样宏伟，有的甚至让人看了瞠目结舌。他掌权之初就挥军进攻格拉纳达，这个战略是他立国的基础[2]。首先，

---

[1] 见第47页注1。

[2] 格拉纳达位于西班牙南部，濒临地中海，摩尔人在当地所建立的王国是穆斯林在西班牙的最后一个根据地。长达十年的格拉纳达战争（1482—1492）结束了西班牙境内的穆斯林统治。斐迪南于1469年和卡斯蒂利亚女王伊莎贝拉结婚，从此兼任卡斯蒂利亚国王。这场婚姻奠定了后来西班牙统一的基础。

他利用国内平静的时机悄悄进行，根本不用担心有人掣肘。他让卡斯蒂利亚的贵族忙于战事，使他们无暇考虑国内政局的变化。他用这样的方式赢得凌驾于当地贵族的声望与权力，他们却浑然不觉。他又利用教会的收益和人民的税金支应军队的开销，这使他有能力进行长期的战争，并且靠强大的武力为自己累积荣誉。此外，为了实现更宏伟的计划，他一再假借宗教的名义，以虔诚作幌子遂行残暴的措施，把马拉诺人驱逐出境——没有比这更悲惨或更使人瞠目结舌的事[1]。他利用同样的借口进击非洲，接着入侵意大利，最后把矛头指向法国。他一再使用这样的方式实现雄图霸略，把全国的民心吊在半空中，让他们看得瞠目结舌，结果是他们佩服不已，无不感到兴味盎然。他一招接一招出手，迅雷使人不及掩耳，根本不留时间让人有反对的机会。

君主如果在国内事务提供罕有其匹的实例，就像人家说的米兰的贝尔纳博大人[2]那样，这也大有助益。只要有人在现实生活做了不寻常的事，不论好事或是坏事，君主应该抓

---

[1] 马拉诺人是为了避免迫害而在表面上改信基督教的犹太人，他们被驱逐出境一事为西班牙的繁荣造成严重的后果。

[2] 贝尔纳博（1323—1385）从1454年开始担任米兰公爵，因别出心裁的严刑酷罚而恶名昭彰。

住机会或赏或罚，总之就是设法使那件事在口耳之间流传不已。最重要的是，君主每做一件事情都一定要努力争取名声，让人觉得他是才智超群的伟人。

敌友分明，毫不犹豫地表现所爱与所恨，这样的君主也会受人尊敬。比起保持中立，立场鲜明的作风有利多了，个中道理说明如下。假设你有两个强大的邻国打了起来，一方征服另一方，你可能会害怕胜利的一方，也可能不会害怕。不论是哪一种情况，你公开表态并且奋战到底总是上策。因为在第一种情况下，你不表态就注定会成为胜利者的猎物，战败的一方则会暗自称幸。你再也不可能期望有人会保卫或庇护你，毕竟胜利者不会想要结交不愿意拔刀相助的可疑朋友，战败的一方不会庇护你则是因为你不愿意跟他有难同当。

安条克[1]应埃托利亚人之请进入希腊，希望赶走罗马人。安条克派遣使节团前往罗马的盟友阿凯亚，劝他们保持中立，可是罗马人却敦促他们武装起来并肩作战。阿凯亚人召开会议裁决这件事，安条克的特使努力要说服他们保持中立，罗

---

1 叙利亚国王安条克三世（前223年—前187年在位）出任埃托利亚联盟的统帅，要摆脱罗马人的统治，功败垂成。

马特使这样回应:"他们劝你们不要介入战争,没有比这更不利于你们的事,你们既得不到尊重,也没有尊严,只好任凭胜利者予取予求。"[1]

事情总是这样:跟你没有交情的人会要求你保持中立,跟你有交情的人会要求你拿出武器公开表态。优柔寡断的君主为了避免眼前的危险,通常采取中立政策,结果通常惹祸上身。可是,一旦君主大胆声明自己的立场,如果你支持的一方获胜,即使他势力强大,你不得不看他的脸色,他对你也至少有道义上的责任,你们之间就有了交情;人绝不会那么无耻,竟然用这样忘恩负义的手段压迫你。再说,胜利从来不会那么彻底,竟至于胜利者完全没有后顾之忧,涉及正义的事情尤其如此。反过来说,如果你支持的是战败的一方,他会给你庇护,只要办得到就会帮助你,你们会成为开创命运的生死之交。

至于第二种情况,情势使得你对不论哪一方获胜都无所畏惧时,选边站更是明智之举,因为你得到甲方的帮助而打败乙方,而这乙方如果聪明的话,是应该帮助甲方才对。受

---

[1] 马基雅维利引《李维罗马史》第三十五章第四十九节第八句的拉丁原文,但措词稍有不同。

到你支持的一方必定获胜,他获胜却得任你摆布。

必须注意的是,君主千万不要为了攻击别国而跟比自己强大的国家结盟,除非形势所逼,就像前面说过的,因为你如果获胜,会被他捏在手掌心。身为君主,无论如何都应该避免受制于人。威尼斯人为了对付米兰公爵而与法国结盟,他们根本没必要这么结盟,却偏偏这么做而引狼入室,把自己给毁了。如果非结盟不可,像佛罗伦萨人面临教皇和西班牙国王联合兴兵攻打伦巴第的情况,那么君主应该基于上述的理由选边站。

千万不要异想天开,以为有可靠稳当的结盟策略。倒是应该明白,任何结盟都有风险,因为世事常理本来就是这样,躲过一难免不了遭遇另外一难。智虑说穿了不过就是有能力分辨种种不同的难处,然后选择为害最少的一种。

君主也应该展现识人之明,拔擢才俊之士,礼遇各个领域的杰出人才。他还应该鼓励公民安心敬业,不论是从商、务农或其余各行各业,让所有的人都乐于兴利增产而不用担心财产被掠夺,乐于创业而不用担心赋税过重。君主更应该奖励积极从事兴利、增产、创业或各行各业有志于增进城邦或国家利益的那些人。他还应该订定年度节庆活动让人民休闲娱乐。由于每个城市都有行会和宗亲组织,他应该重视这些社会团体,偶尔参加他们的活动,展现亲民与宽厚的一面,但永远维持该有的尊严和威仪,这一点千万不能草率。

第二十二章
君主的肱股大臣

君主选任大臣不是小事：他们是否为良臣，取决于君主是否知人善任。我们判断主人的智力，初步的印象就是来自观察他身边的人。他身边的人如果能干又忠诚，我们说那个人明智大概就八九不离十。因为他有知人之明，使干才出人头地，又深谙用人之道，使他们忠心不渝。但是，如果他身边的人庸碌无能或见利思迁，我们对他印象不好总是不会错，因为他犯的第一大错就是用人不当。

锡耶纳的君主潘多尔福·佩特鲁齐任命安东尼奥大人[1]为顾问，知道的人无不赞美他知人善任。说到人的才智，不外三种：一种是本身具有理解的能力；另一种是能够明辨别人

---

1 安东尼奥大人即安东尼奥·乔尔达尼（1459—1530），原为法学教师，后来成为潘多尔福最信任的大臣。

的理解；第三种是本身没有理解的能力，又无法受益于别人的理解。第一种人最优秀，第二种人杰出，第三种人没用。潘多尔福就算不属于第一种人，也必定名列第二种，因为他自己虽然未必能够辨明别人所言所行是否为善，可是只要有人能够辨明，他都能够据以作出恰当的判断，进而扬善惩恶。这么一来，大臣不敢有欺君之心，所以不至于逾矩。

可是，君主如何辨识大臣的好坏呢？这里有个屡试不爽的办法：凡事只想到自己却很少想到君主，所作所为都是为了自己的利益，那种人不会成为好的大臣，你永远不能信任，因为他掌握别人托付的权力，就不应该只考虑自己，而是应该处处为君主着想、念兹在兹的唯有君主的利益。在另一方面，为了确保大臣不至于逾矩，君主应该处处为他着想，礼遇他、犒赏他，使他觉得对你有所亏欠，跟他分享荣誉，帮他分忧分劳。这一来，他明白君主有如他的再生父母，既已荣宠加身自然不会贪求高官厚禄，兼负重责大任自然不会害怕改变。只要双方谨守君臣之义，彼此自然诚信以待。如若不然，结果将会互蒙其害。

第二十三章
如何避开马屁精

我不会忽视一个重点，这是所有的君主都很难避免的错误，除非他们非常明智，或晓得如何作出好的抉择。我指的是宫廷中比比皆是的马屁精。人难免对自己的事感到洋洋得意，因此流于自我陶醉，很难抵抗这种瘟疫，试图抵抗却会遭遇被人轻视的风险。之所以如此，是因为防范谄媚只有一个方法：让人们明白，对你说真话并不会得罪你；然而，一旦人人都对你说真话，你就得不到普遍的尊重了。

因此，明智的君主应该采取第三个办法，就是选择明智的人当他的大臣，只允许那些大臣拥有对他说真话的自由，而且只许回答他的询问，其他人或其他话题都不允许。但是，君主询问他们的意见应该巨细靡遗，并且仔细聆听，深思熟虑之后作出自己的决定。关于这些意见和提供意见的每一个人，君主的作为应该让他们明白，说话越坦诚，他的接受度越高。除了这些人以外,他不应该听别人的意见,而且应该坚持下了决定就贯彻到底。不这么做的君主,要不是因奉承话而受害,就是因朝三暮四而举棋不定,让人家瞧不起。

我举个现代的例子来说明。现任皇帝马克西米利安的大臣鲁卡神父[1]谈到皇帝陛下,说他不曾咨询任何人,也不曾按自己的心愿做事。这样的作风跟前面说的大相径庭。皇帝生性内向,从来不让别人知道他自己的想法,也不采纳别人的建议。一旦他把想法化为行动,他身边的人便知道了,开始说出各自的看法。他因为没有主见而改变初衷,结果是朝令夕改,从来没有人知道他要什么或打算做什么,因此他的决定没有人当一回事。

所以说,君主应该时常征询意见,但是要掌握原则——是他要听,而不是别人要说给他听。事实上,除非他自己主动问起,否则不应该允许任何人进言献策。但是他一定要不耻下问,并且耐心倾听相关事情的真相,但是千万不能纵容

---

1 马克西米利安指神圣罗马帝国皇帝马克西米利安一世(1459—1519),于1493年即位,因为前往罗马的风险太大而终生没有接受教皇的加冕,但是他的第二任妻子是米兰公爵的女儿碧安卡·斯福尔扎(1472—1510),因此能够干预意大利政局。鲁卡神父即鲁卡·里纳尔迪,的里雅斯特主教,是马克西米利安最亲密的肱股大臣,马基雅维利在一次出使任务中跟他打过交道。

对方不说实话，不论任何人、基于任何理由都一样。

有许多人认为，被誉为明智的君主之所以博得明智的美称，并不是因为他本人明智，而是因为他身边的人提供忠言嘉谟。这个看法大谬不然。有个颠扑不破的通则：不明智的君主不可能虚心接纳建言，除非有那么凑巧的事，他把政务完全交给一个碰巧事事智虑超群的人。在这种情况下，他的确有可能把国家治理好，但是不可能持续多久，因为帮他出主意的那个人在短时间内就会篡夺他的权力。然而，如果咨询的对象不限于一个人，人人一把号，各吹各的调，不明智的君主永远不可能协调进而汇整出自己的看法。每一个出主意的人都只想到自己的利益，不明智的君主既没有能力加以纠正，也没有能力辨明是非。情况必然如此，因为别人总是不可能对你真诚，除非为形势所逼不得不表现好的一面。

所以，我们可以下这样的结论：忠言嘉谟，不论是谁提出来的，必定源自君主的智慧，而不是君主的智慧源自忠言嘉谟。

第二十四章
意大利的君主们丧失政权的原因

上述的建议如果确实遵行,将会使新君主看起来有如世袭的君主,而且能够立即保障他的人身安全与政权稳固,就算他登基已久,也无法相提并论。比起世袭的君主,新君主的所作所为会受到更加严格的检验。如果他工作效率高且有目共睹,那么近悦远来,连古老的世家也会望尘莫及。眼前的事总是比过去的事更吸引人的注意;只要让别人看到眼前的好事,他们津津乐道之后就会别无所求了。新君主如果没有其他方面的疏失,他们甚至还会竭尽所能加以保护。这一来,他将赢得双重的荣耀,一个是建立新王国,另一个是以完善的法律、精良的军备和优秀的榜样为国增辉,就像因智虑不足而失去政权的世袭君主会得到双重的耻辱。

回顾意大利境内在我们这个时代失去政权的那些大人

物，如那不勒斯国王和米兰公爵[1]等人，首先会发现他们在军备方面有共同的缺点，个中原因已在前面详细讨论过。其次会看到他们当中有的受到人民敌视，不然就是人民虽然友善，君主却不晓得如何节制贵族。如果没有这些缺点，那么只要维持一支在战场上有用武之地的军队，就不会发生丧权亡国的事。马其顿的腓力——我指的不是亚历山大的父亲，而是提图斯·昆提乌斯的手下败将——比起对他发动攻势的罗马人或希腊人，他拥有的国家版图并不大，但却因为自己是军人出身，而且晓得如何争取民心和贵族的拥护，所以能够持续多年对罗马人和希腊人抗战，即使到最后失去了几座城市的统治权，其王国仍然屹立[2]。

由此可见，我们的君主实在不应该怪运气不好才丧权亡国，毕竟他们一个个统治自己的王国好多年了。要怪只能怪自己散漫，不懂得居安思危——不知道未雨绸缪是人类普遍

---

1 那不勒斯国王腓特烈四世(1452—1504)于1504年亡国，因为他的侄子，即阿拉贡的斐迪南二世（1469—1496）并吞了那不勒斯。鲁多维科于1500年被法王路易十二打败，因而失去米兰。

2 马其顿的腓力五世（前221—前179）于公元前197年在库诺斯克法莱战役中被提图斯·昆提乌斯·弗拉米尼乌斯率领的罗马军打败，不得不放弃对希腊的宗主权和非洲领地的所有权。

的缺点——等到局势逆转，第一个念头就是逃之大吉，而不是自卫，甚至还寄望人民在惨遭征服者欺压之后，会义愤填膺地召唤他们回来复位。在无计可施的时候，这不失为可行之道，可是明明有其他的解决办法，却偏偏视而不见，那就不足为训了。总不能因为相信有人会扶你起来就情愿摔倒。不管是不是真的会倒台，那样的想法本身就不可靠，因为那是懦夫的自卫手段，不是仰赖自己的能耐。只有仰赖自己和自己的本事才是可靠、稳当又持久的办法。

第二十五章
运气如何影响世事及抗衡运气之道

我不是不知道,许多人一直相信,也还会继续相信,这样的看法:人间万事都由运气[1]和上帝主宰,人类凭自己的智慧无法有所改善,甚至亡羊补牢也不可得,因此大可犯不着白费心血,反正听天由命[2]就是了。这个看法在我们自己的时代尤其普遍,原因是时局剧变无日无之,远远超出世人的预期。想到那一切变化,有时候我也不免觉得他们有道理。

话虽这么说,我们毕竟还拥有自由意志,因此我认定运气只决定我们一半的作为,另外的差不多一半她会交给我们

---

[1] 运气:见第124页注2(参见第18页献辞注1),因此下文对其代词使用"她"。

[2] 听天由命:直译"交由命运支配",这里的"命运"原文为 alla sorte,不是 fortuna(运气、机运)。

自己做主[1]。我把她比喻为破坏力惊人的河流，一旦发威，洪水便淹没平原、折断树木、冲垮建筑物、搬移土地，人人惊惶逃命，任其肆虐而束手无策。虽然这是实情，并不表示人不能利用好天气的时候建渠道、筑堤坝预做准备，以备河水再度高涨时，疏洪与防洪措施都能减轻灾情。运气也是这样：没有遭遇抵抗，她就横行无阻；没有兴建渠道或堤坝的地方，她就尽情蹂躏。环顾意大利这个发生一切变动又是造成一切变局的所在，放眼所及看不到任何渠道或堤坝：意大利如果像德国、西班牙和法国那样，有恰当的防范措施，那么洪水就不会造成如此天翻地覆的变局，甚至根本就不会发生水灾。

关于运气的概括性见解，依我看，前面说的也就够了。现在我要谈谈具体的情况，说明有些国运蒸蒸日上的王国的君主，并没有在性情或性格上发生我们察觉得到的改变，却一夕间山河变色。这样的下场，我相信主要由于前面长篇讨

---

[1] 马基雅维利对于"新君主"、他的"德性"（见第40页注1）以及运气可能提供给他获取权力的机会等概念，都是以人拥有某种程度的自由意志为前提。然而，他对于"运气"所发的议论，主要依据在于他性格中的文人倾向，而不是针对自由意志与决定论互相冲突这个重大的议题进行冷静的哲学讨论。

论过的原因。换句话说，由于运气无常，事事仰赖运气的君主，后果不堪设想。我也相信，根据时代的特色调整行事作风的君主将会功成名就；同样的道理，行事作风跟时代格格不入的君主将会身败名裂。我们看到世人追求的目标不外乎荣耀和财富，采取的途径却无奇不有：有的谨慎，有的刚猛；有的粗暴，有的狡猾；有的有耐心，有的则相反。方法各有不同，却同样达到目标。我们可以也看到，同样谨慎的两个人，一个成功而另一个失败；同样的道理，同样成功的两个人却表现出不同的作风，一个谨慎而另一个刚猛。说穿了，都是取决于个人行事的作风是否符合时代的特色。结果就像我在前面说的，作风完全不一样的两个人却获致同样的结果，或是作风相同的两个人却一个成功而另一个失败。

由此引出的另一个结果是利弊得失各有不同。设想有个人，行事谨慎又有耐心，时代与形势正适合他的作风，他就会成功。可是，如果时代与形势改变，他的做法却没有跟着改变，那就难免失败的下场。没有人明智到晓得如何顺应时代和形势的变化，一来是因为人不可能偏离天性的制约，二来是因为一条路走顺了就不可能说服自己改弦易辙。因其如此，生性谨慎的人遇到需要果断的时候，往往不知所措，结果以失败收场。但是，如果他改变一贯的作风而能配合时代和形势，那么运气不会弃他而去。

教皇尤里乌斯二世做事向来刚猛，可是他发现时代和形势搭配他的作风若合符节，竟使他无往不利。想想他对博洛尼亚发动的第一场战役，那时候乔万尼·本蒂沃利奥大人还在世[1]。威尼斯人不赞成这一次的军事行动，西班牙国王也一样。他本人则处于跟法国商讨这一次征战的行动阶段。尽管如此，他仍然顺着自己刚猛的作风一意孤行，亲自出征。这一出招，使西班牙人和威尼斯人动弹不得，后者是因为害怕，前者是因为想要再度取得对整个那不勒斯王国的控制权。与此同时，法兰西国王也被他拖下水：法王眼看着教皇出兵，想借结盟的机会削弱威尼斯人的势力，判断自己如果拒绝调拨军队加以支援，无异于公然得罪教皇。就这样，尤里乌斯刚猛的行动创造出历任教皇倾智慧之所能也不曾获致

---

[1] 尤里乌斯二世的军事行动始于1506年，结果是乔万尼·本蒂沃利奥不得不放弃博洛尼亚，次年在流亡途中去世。原本是教皇为了遏止威尼斯人在北意大利的影响力，却在1508年演变为西欧强权全都脱不了身的康布雷同盟战争——"康布雷同盟"指教皇尤里乌斯二世、法王路易十二、神圣罗马帝国皇帝马克西米利安一世和阿拉贡的斐迪南二世组成的反威尼斯势力。同盟势力起初进展顺利，却在1510年因尤里乌斯与路易的嫌隙而导致同盟解体，甚至演变成尤里乌斯自己与威尼斯结盟反过来对抗法国，于1512年把法国势力赶出意大利。

的功业。假如他像别的教皇那样，事事安排妥当之后才离开罗马，他永远不可能成功，因为法王会搬出无数的借口，其他人会激起他无数的疑虑。他的作为都差不多，不劳我多说，而且都同样功成名就。他没能活得更久[1]，因而得以避免相反的境遇，因为如果到了必须谨慎行事的时候，他难免会身败名裂：他不可能偏离本性促使他采取的行事作风。

所以，我的结论是，由于运气多变而世人执着于固定的行径，两者搭调的人会成功，两者不搭调的人会失败。有件事我确信不疑：刚猛胜于谨慎，因为运气是女性，要制服她就必须打击她。看得出来，她宁可这样被人征服，对于慢条斯理冷淡无情的求欢反而没兴趣。身为女性，她总是对活力充沛的年轻人友善，因为年轻人比较不会瞻前顾后，比较有冲劲，使唤她时更勇猛。

---

[1] 尤里乌斯二世（1443—1513）活了七十岁，生命不能说是短促，但是他的教皇任期只有十年（1503—1513 年）。

第二十六章
为解救意大利免于蛮族蹂躏进一言

回顾前面讨论的这一切，我在心里斟酌：目前的意大利是不是出现新君主的好时机？是不是有条件为明智而且干练的君主提供机会，为意大利引进新的政府形式，既能为自己添荣耀，又能为全国民众带来福祉？在我看来，目前的确有许多因素结合在一起，为那样的一位新君主提供大好的时机，有利的局面是我生平所不曾见。就像我说过的，为了显现摩西的能力，有必要让犹太子民在埃及当奴隶；为了展现居鲁士宽宏的气度，有必要让波斯人受米底人欺压；为了表现忒修斯的杰出，有必要让雅典人流离失所——如果是这样，那么同样的道理，为了在这个时代体现意大利精神的伟大，有必要让意大利沦落到目前的处境，受人奴役超过犹太人，受人欺压超过波斯人，流离失所超过雅典人，没有领袖，没有秩序，任人打击、掠夺、割据、横冲直撞，忍受各式各样的劫难。

先前虽有人散发一丝希望的光芒，仿佛是上帝指派给意大利的救星，但是在他事业登峰造极的时候，我们看到他被运气遗弃[1]。就这样，留下意大利奄奄一息，有待良医治疗，以便结束伦巴第遭受掠夺以及那不勒斯王国和托斯卡纳被迫纳税的惨况，把溃烂已久的创伤治愈。殿下看得到她[2]如何祈祷上帝指派人选，解救她免于蛮族的暴虐和欺凌，也看得到她已准备好追随起义的旗帜，只要有人高举义旗！

举目四望，眼前找不出比殿下显赫的家族更让人寄予厚望的了[3]，其运气与才干双双得天独厚，蒙上帝与教会之恩宠

---

1 一般认为是指切萨雷·博尔贾，但是也有可能指内穆尔公爵，即美第奇家族的朱利亚诺，他在1516年骤逝，马基雅维利不得不改变《君主论》呈献的对象。

2 "她"指拟人化的意大利。

3 在1516年，很可能就是《君主论》题献词之年，美第奇家族的势力如日中天，利奥十世任教皇之职已三年，他任命罗伦佐为乌比诺公爵，显然是在栽培佛罗伦萨未来的统治者。马基雅维利在1513年写《君主论》时，拟想美第奇家族的权力核心在朱利亚诺（即内穆尔公爵）和教皇利奥，可是朱利亚诺在1516年去世之后，希望落在罗伦佐身上。跟这个机会旗鼓相当的是博尔贾，也就是教皇亚历山大六世，及其子切萨雷，可是随着亚历山大六世在1503年突然去世，博尔贾家族的机会也没了。到了1519年，朱利亚诺和罗伦佐先后过世，美第奇家族的机会随之化为泡影。此一史实或可解释为何马基雅维利不曾费心要出版《君主论》，因为当初的写作动机在1519年之后不再有意义。

无与伦比，成为教会君主[1]可谓实至而名归，正适合肩负救国救民的重责大任。这事谈不上困难，只要殿下以前面提到的先贤[2]为念，不忘他们的事迹与作为。他们纵使身为不世出的英才，毕竟也是人，而且他们的机会一个个比现在更为不利。因为比起意大利的统一，他们的建国大业并不会更正当或更容易，而且上帝对他们不会比对殿下更友善。阁下的立场光明正大，理由明正言顺："不发动战争就日暮途穷的时候，战争是正义之战；不拿起武器就走投无路的时候，武器是神圣之器。"[3] 此时此地有的是豪情壮志；只要效法我提到的楷模，豪情壮志所在必然天下无难事。更何况，我们都明白上帝行使过前所未闻的奇迹：劈分海水，引导云柱指示前途，岩石喷涌清水，天降吗哪[4]，凡此一切无不是为了促成殿下功成名就。接下来唯有操之在己，舍殿下则无人能代劳。

---

1 指美第奇家族的乔万尼，于1513年出任教皇，即利奥十世。他是罗伦佐的儿子，马基雅维利寄望得到他的帮助以便重返佛罗伦萨政坛。

2 指摩西、居鲁士和忒修斯，见第41页注1。

3 马基雅维利引《李维罗马史》第九章第一节的拉丁文原文。

4 这里提到的四件神迹，是上帝为了帮助摩西领导以色列人逃离埃及而行使，都出于《旧约·出埃及记》，依次见第十四章第二十一节、第十三章第二十一节、第十七章第六节、第十六章第十四节。

上帝无意于事必躬亲,因为那会剥夺我们的自由意志,并折损该我们拥有的荣耀。

我们寄望殿下杰出的家族完成的建国大业,先前提过的意大利人都没有能力实现,这说来不足为奇;而且意大利境内爆发那么多的革命与战斗,似乎把她的武德消磨殆尽,同样不足为奇。归根究底,原因在于旧制度已经失效,可是还没有人懂得如何制定新制度。

对名望蒸蒸日上的人来说,最大的荣耀莫过于创制新的法律和建立新的制度。只要为新法律和新制度奠定稳固的根基,又提出宏伟的蓝图,不受人尊敬与爱戴也难。

要在意大利创造这样的丰功伟业,机会俯拾皆是:她肢体强健,只是少了首脑。不妨回想一下,意大利人在单挑对决和近身搏斗的场合,体力、战技与智谋表现多么出色,可是一投入军队却相形失色。个中缘由尽在于领导阶层乏善可陈,因为高明的人不服从指挥。就是因为个个看来都高明,到今天还没有一个人能够在能力或运气方面出人头地,因此谁也不服谁。

这就是为什么长久以来,在过去二十年发生的许多战争,只要军队全由意大利人组成,战果总是不堪闻问。塔洛是第一个证据,接着是亚历山大里亚、卡普阿、热那亚、维拉、博洛尼亚、梅斯特里[1]。

因此，如果殿下杰出的家族愿意追随那些解救祖国的先贤，首要之务在于建立自己的武力，这是一切事业最根本的基础，如此你才能有更可靠、更忠实、更优秀的军人。虽然个别的士兵都优秀，但是当他们看到自己的君主亲自指挥，对下属既尊重又礼遇，他们会团结一致，表现得更优秀。所以，绝对有必要筹组这样的部队，以便借意大利本身的实力抵御外侮。

虽然瑞士和西班牙的步兵被视为骁勇善战，他们却有各自的缺陷，所以第三种类型的军队不只是能够抵抗他们，而且还有信心战胜他们。西班牙人无法抵挡骑兵的攻势，瑞士人则在近身战斗时会害怕步兵。因其如此，我们曾经看到，以后还有可能再看到，西班牙人无法抵挡法国骑兵，瑞士人则被西班牙步兵消灭。后一种情况虽然有待事实证明，从拉韦纳战役却看得出眉目。在那一场战役，西班牙步兵跟德国

---

[1] 马基雅维利按年代顺序列出意大利遭受挫败的战役：查理八世在塔洛河附近的福尔诺沃打败意大利部队（1495）；路易十二占领亚历山大里亚（1499）、卡普阿（1501）、热那亚（1507）、维拉（1509）与博洛尼亚（1511）；威尼斯人于1513年在维辰札附近被外国部队打败，导致梅斯特里惨遭洗劫。

人展开大会战，德国人采用瑞士的战术。西班牙步兵靠肢体的灵活和小圆盾的帮助，穿透德军的长矛阵，冲散他们的队伍，自己却平安无事，德军根本招架无方。如果不是受到骑兵袭击，西班牙步兵会把德国步兵赶尽杀绝。因此，既然这两种步兵的缺点显而易见，或可考虑建立新的军种，既能抗衡骑兵，又不至于害怕步兵。要达到这样的目标得要有新的军备和新的战斗队形。像这样在制度组织上精益求精，新君主的声誉和功绩自然水到渠成。

因此，这个机会千万不要错过！等了那么久，意大利终于看到救星！在来自国外的洪水猛兽肆虐之下，意大利境内有如饥似渴的复仇情怀，有坚毅不拔的信念，有赤诚，也有热泪，这位救星必定会受到笔墨无法形容的爱戴！哪一道门会为他关闭？谁会拒绝服从他？什么样的嫉妒会反对他？哪个意大利人不会向他表示敬意？野蛮的统治对每一个人来说都臭不可闻。但愿殿下杰出的家族本着义不容辞的情操，怀抱义无反顾的希望，担负起这一项重任，好让我们的祖国在您的旗帜下显得尊贵，在您的吉星引导之下应验佩脱拉克的诗句：

德性拿武器反抗暴虐，

战斗很快会完结，

古人的勇气仍然激荡

在意大利的胸膛。

[全书完]

马基雅维利年表

1469年5月3日　尼科洛·马基雅维利诞生于佛罗伦萨。

1494年　佛罗伦萨恢复共和体制，统治佛罗伦萨六十年的美第奇家族被驱逐。

1498年　被执政团（佛罗伦萨共和国最高行政机关）任命为总理公署第二厅秘书长，稍后又兼任自由与和平十人委员会秘书，负责处理外交及军政事务。

1500年　为了比萨战争求助于法王，完成第一次外交任务，会晤法王路易十二和鲁昂枢机主教乔治·德昂布瓦兹，见识君主集权国家强盛的国力。

1502年　马基雅维利结婚。索德瑞尼被选为终身的政府首长，采用马基雅维利提议的征兵制，以取代雇佣军。

1502—1503年　前往罗马涅与罗马，完成外交任务，认识切萨雷·博尔贾，目睹赤裸裸的政治现实：教皇亚历山大六世以捍卫教会利益为借口，要使意大利中部成为自己的权力禁脔，倾力扶植自己的儿子，即切萨雷·博尔贾；切萨雷·博尔贾则用尽权谋与暴力要建立自己的政权，却在父亲去世之后，权力转眼沦丧。

1504年　再度前往法国。

1506年　衔外交使命会晤教皇尤里乌斯二世，顺道考察德国和瑞士的政治局势与军事制度。

1507—1508年　衔外交使命出使神圣罗马帝国，会晤皇帝马克西米利安。

1509年　马基雅维利率领的佛罗伦萨军队占领比萨。

1512年　索德瑞尼的共和政权被推翻，美第奇家族重掌佛罗伦萨的政权。新政府免除马基雅维利的官职，也解散了他一手创建的新军。

1513年　被指控参加反美第奇家族的阴谋，遭逮捕，监禁期间受酷刑，但他始终否认参与其事。出狱后被放逐，归隐田园潜心写作。完成《君主论》。

1518年　完成《论李维罗马史》。

1515—1516年　完成《战争的艺术》。

1518年　讽刺喜剧《曼德拉》首演，公认为马基雅维利在文学领域的代表作。

1519年　《曼德拉》出版。

1520 年　结束放逐岁月,接受美第奇家族的朱利亚诺(即罗伦佐之侄,后来的教皇克雷芒七世)委托,撰写长逾一千年的《佛罗伦萨史》(379—1492),以探究佛罗伦萨积弱不振的原因。

1521 年　《战争的艺术》出版,马基雅维利有生之年出版的政治作品仅此一例。

1525 年　改编自古罗马剧作家普劳图斯的喜剧《柯莉孜雅》首演。

1526 年　将《佛罗伦萨史》献给教皇克雷芒七世。

1527 年 6 月 21 日　马基雅维利逝世,葬于佛罗伦萨的圣十字教堂。

1531 年　《论李维罗马史》出版。

1532 年　《君主论》出版。

1559 年　其著作被列入禁书目录。

1640 年　《君主论》英译本首度出版。

《君主论》手稿

作者｜尼科洛·马基雅维利

（Niccolò Machiavelli，1469—1527）

意大利政治思想家和历史学家，近代政治思想的主要奠基人之一。

作为中世纪晚期意大利新兴资产阶级的代表，马基雅维利主张结束意大利的政治分裂状态，建立强大的中央集权国家。他摆脱了神学和伦理学的束缚，依据历史事实和个人经验来研究社会政治问题，为政治学和法学开辟了走向独立学科的道路。

其代表作《君主论》主要论述为君之道：君主应具备哪些条件和本领、应该如何夺取和巩固政权等。

译者｜吕健忠

台湾辅仁大学英研所毕业，任教于台湾东吴大学英文系与台湾艺术大学戏剧系，以翻译西洋经典为志业。已出版译作包括马基雅维利的《论李维罗马史》，以及《西方文学史》《英国文学史略》《麦克白》《易卜生戏剧集》《变形记》《奥德赛》等。

君主论

作者_[意]马基雅维利　译者_吕健忠

产品经理_周婧　装帧设计_付诗意　产品总监_应凡
技术编辑_顾逸飞　责任印制_梁拥军　出品人_吴畏

营销团队_毛婷　阮班欢　孙烨

果麦
www.guomai.cc

以 微 小 的 力 量 推 动 文 明

图书在版编目（CIP）数据

君主论 /（意）马基雅维利著；吕健忠译. -- 上海：上海文化出版社，2019.12（2022.6重印）
ISBN 978-7-5535-1639-4

Ⅰ. ①君… Ⅱ. ①马… ②吕… Ⅲ. ①君主制－研究 Ⅳ. ①D033.2

中国版本图书馆CIP数据核字（2019）第293209号

出 版 人：姜逸青
责任编辑：郑　梅
特约编辑：周　婧
书籍设计：付诗意

书　　名：君主论
作　　者：［意］马基雅维利
译　　者：吕健忠
出　　版：上海世纪出版集团　上海文化出版社
地　　址：上海市闵行区号景路159弄A座2楼　201101
发　　行：果麦文化传媒股份有限公司
印　　刷：河北鹏润印刷有限公司
开　　本：880mm×1230mm　1/32
印　　张：5.25
插　　页：4
字　　数：65千字
印　　次：2019年12月第1版　2022年6月第12次印刷
印　　数：55,001-60,000
书　　号：ISBN 978-7-5535-1639-4 / Ⅰ·719
定　　价：39.80元

如发现印装质量问题，影响阅读，请联系021—64386496调换。